高中劳动教育系列丛书

丛书主编◎周业宇 汪润

角色担当

身边的劳动者

主编◎孙宝山

华东师范大学出版社
·上海·

图书在版编目（CIP）数据

角色担当：身边的劳动者 / 孙宝山主编. -- 上海：华东师范大学出版社, 2025. -- (高中劳动教育系列丛书). -- ISBN 978-7-5760-5477-4

Ⅰ. G634.932

中国国家版本馆CIP数据核字第20255NH605号

高中劳动教育系列丛书

角色担当：身边的劳动者

丛书主编	周业宇　汪　润
主　　编	孙宝山
责任编辑	刘　佳
特约审读	李　鑫
责任校对	郭　琳　时东明
装帧设计	郝　钰

出版发行	华东师范大学出版社
社　　址	上海市中山北路3663号　邮编 200062
网　　址	www.ecnupress.com.cn
电　　话	021-60821666　行政传真 021-62572105
客服电话	021-62865537　门市（邮购）电话 021-62869887
地　　址	上海市中山北路3663号华东师范大学校内先锋路口
网　　店	http://hdsdcbs.tmall.com

印刷者	杭州日报报业集团盛元印务有限公司
开　本	787毫米×1092毫米　1/16
印　张	14.5
字　数	239千字
版　次	2025年4月第1版
印　次	2025年4月第1次
书　号	ISBN 978-7-5760-5477-4
定　价	58.00元

出版人　王　焰

（如发现本版图书有印订质量问题，请寄回本社客服中心调换或电话021-62865537联系）

丛书编委会

总 主 编：周业宇　汪　润
学术顾问：范寿仁　傅建明　陈战耕
编　　委：占　悠　袁明月　孙宝山
　　　　　潘大伟　刘益琴

本册主编：孙宝山

副 主 编：高 嵩　夏琼芳

编写人员：叶世斌　季瑛华　陈 竹　周韵青　任萌萌
　　　　　　孙 哲　马李莉　金 婷　张晶晶　顾窗含
　　　　　　杨晨曦　柳钰洁　高 嵩　夏琼芳　孙宝山

丛书总序

劳动是生存本质、春种秋收、世界改造，劳动也可以是技术创新、工匠精神、问天苍穹。劳动的上千种形态有其共性特征，即认识世界，认识自我，从而追求更美好的生活。认识了劳动，也就理解了劳动对个人、对社会、对国家的价值，就能进而热爱劳动，尊重普通劳动者，树立"劳动光荣、劳动崇高、劳动伟大、劳动美丽"的意识。

劳动是成长成才的必修课。2020年中共中央、国务院发布的《关于全面加强新时代大中小学劳动教育的意见》以及教育部印发的《大中小学劳动教育指导纲要（试行）》，都旨在强调劳动教育在"五育"中的重要地位，由此也产生了劳动教育如何在学校课程层面和教学层面得以构建、实施与保障的问题。

浙江省丽水中学在2020年9月启动了劳动课程改革，修订并拓展了原有课程体系中的"实践之旅"部分，出台《丽水中学劳动教育课程方案》，并确立了生活劳动、生产劳动和服务型劳动三大实践领域，由"家校美化""技术设计""校园文创""生活技能""职业体验""数字产品"六个劳动模块组成，确保每星期开设一节劳动课，在高中三年完成修习。随后，浙江省松阳一中和浙江省云和中学也都开始探索劳动教育课程长效机制与实践路径，如松阳一中以"劳动教育立心智，以劳为径立远志"为主题，为学生搭建获得真实劳动体验的平台；云和中学以"农耕研学"为主线，拓展劳动教育形式，让学生在研学中体验乡土文化和农耕文化。

2021年9月，基于劳动课程实施一整年的实践和经验，三所学校深刻认识到，要在学术性高中推行劳动教育，要让劳动课程真正落到实地、发挥实效，必须实施开放交融的大课程。既要追溯劳动文化的历史脉络，也要开展基于学科的劳动教育；既要让学生体会书本知识转化为劳动果实的快乐，也要让学生在社会实践中感受平凡劳动者的执着和坚守。大课程意味着五育、学科相互融通，课堂内外、校园内外互为补充，劳动教育多形态，多样式，融入现代元素，贴近青年生活，不说教，真实践，真正发挥劳动教育的育人功能。

鉴于上述思考，2022年10月，由丽水中学牵头筹划，三所学校合力组织编写了这套适合高中学校使用的劳动教育校本读物。本套校本读物共四册，包含《悦享生活：生活劳动教育》《美食美物：生产劳动教育》《角色担当：身边的劳动者》《学科融合：基于"学科"的劳动教育》。前两册从劳动的内容维度展开，具体包括生活劳动与生产劳动两个领域；后两册从劳动教育的实施维度展开，即对身边劳动者的角色认知和在学科教学中融合劳动教育。本套校本读物涵盖了教育部《大中小学劳动教育指导纲要（试行）》（以下简称《纲要》）的基本内容，在实施路径上具体落实《纲要》规定的"将劳动教育纳入人才培养全过程，丰富、拓展劳动教育实施途径"的指导意见。四册书是并行关系，学校根据教学安排分册实施或综合授课。

我们期待，学生阅读本书、学习本书时，既能获得更真实的劳动实践，又能促进更深层的劳动理解。有十分钟制作一枚书签的即时体验，也要有豌豆成熟四个月的漫长等待。既可以在课堂里学习"四月秀葽，五月鸣蜩，八月其获，十月陨萚"等诗经篇章，又可以在校园里用所学生物学知识为师生开展"为你免费验血型"的志愿者活动。我们期待这套书能回应时代对劳动的弘扬、对劳动者的赞美、对劳动精神的推崇，有助于激励有正确劳动观念的新一代青年积极、主动地投身于民族复兴的伟业之中。

目 录

编写说明   1

第一单元   白衣天使——医务工作者   1

第 1 课   妙手仁心：医生   3

第二单元   城市精灵——基层劳动者   25

第 2 课   使命必达：快递员   27

第 3 课   好物使者：电商主播   37

第三单元   大国工匠——城市建造者   47

第 4 课   蓝图规划：设计工程师   49

第 5 课   一砖一瓦：泥瓦工   63

第四单元   虚拟专家——网络建设者   75

第 6 课   信息卫士：网络工程师   77

第 7 课   代码专家：程序员   97

第五单元   正义护卫——政法工作者   113

第 8 课   惩恶扬善：法官及律师   115

第 9 课   参政议政：政协委员   135

第六单元　逆行勇士——社会保卫者　　　　　　　　　　153

    第 10 课　烈火英雄：消防员　　　　　　　　　　155

    第 11 课　马路指挥家：交通警察　　　　　　　　　169

第七单元　守望天地——自然探索者　　　　　　　　　　183

    第 12 课　天气之子：气象观测员　　　　　　　　　185

    第 13 课　步履实地：户外拓展师　　　　　　　　　201

后记：借劳动教育之力，筑社会栋梁之基　　　　　　　　216

编写说明

劳动是一项永恒的事业，没有劳动就没有生产，没有生产就没有社会的发展和进步。劳动教育是一项内涵丰富的教育，它涵盖了对学生人生价值观的塑造、实践能力的锻炼以及社会责任的培养等多个方面。从学生的幼年开始便要对其进行劳动教育，让他们明白劳动的重要性，从而塑造健康向上的心态，形成健全的人生观。

为了落实《丽水中学劳动教育课程方案》的要求，服务我校学术性高中的办学定位，结合我校实际与经验，我们试图编写一套适合于本校师生使用的劳动教育系列丛书。本套丛书共包含《悦享生活：生活劳动教育》《美食美物：生产劳动教育》《角色担当：身边的劳动者》《学科融合：基于"学科"的劳动教育》4册。前两本从劳动的内容维度展开，具体包括生活劳动与生产劳动两个领域；后两本从劳动教育的实施维度，即对身边劳动者的角色认知和在学科教学中融合劳动教育两个方面展开。本套丛书涵盖了教育部《大中小学劳动教育指导纲要（试行）》（以下简称《纲要》）的基本内容，在实施路径上具体落实《纲要》规定的"将劳动教育纳入人才培养全过程，丰富、拓展劳动教育实施途径"的指导意见。我们期待学生在接受劳动教育后，能够树立"因为劳动，我们变得崇高；因为劳动，我们变得美丽"的价值观。

《角色担当：身边的劳动者》这本书，意图通过对身边的劳动者角色的描述，介绍劳动者的故事，让同学们了解不同职业的内涵、工作性质、工作流程、职业技能、职业道德与社会担当，增强对劳动的敬重之心和对那些默默奉献的劳动者的崇敬和感激之情，进而养成正确的劳动观、积极的劳动精神、良好的劳动习惯和品质。领会"幸福是奋斗出来的"一语的内涵与意义，继承中华民族勤俭节约、敬业奉献的优良传统，弘扬开拓创新、砥砺奋进的时代精神。

本书强调从高中学生的生活经验出发，以身边熟知的劳动者为学习内容，使用通俗易懂的语言深入浅出地介绍各种职业的内涵和特点，并以生动的实例来说明不同行业的劳动者在职场中所承担的职责和应尽的义务。譬如，医务工作者的天职是救死扶伤，政法工作者的职责是司法公正、惩恶扬善，建筑工人是城市建设者，环卫工人是城市美容师，交通警察是马路指挥家……让同学们在学习中逐渐感受这些劳动者的辛勤劳作和奉献精神。

在编写体例上，本书采用单元+课的思路，让同学们有一种熟悉感。设计了角色引语、角色肖像、角色故事、角色榜样、角色本领、角色实践、角色分享、角色反思、活动方案、活动案例、角色回顾等栏目，详尽地介绍各种角色的工作场景，让同学们充分了解每个角色。教材内容尽可能地将知识介绍与技能培养结合、讨论与练习结合、动脑与动手结合、课内与课外结合、他评与自评结合，保证学生在学习过程中的主体地位。

在教材的使用过程中，建议将专门的劳动教育课与学生实践活动相结合，并尽可能利用学生的闲暇时间和碎片化时间展开教学活动，让同学们在沉重的课业学习中得到片刻的放松。另外，学习的进度不作硬性规定，可让同学们自主选择。同时注意在同学们参加校内校外劳动实践活动时，提醒他们关注劳动强度、劳动效率、劳动时长等劳动实践要素，关注同学们劳动实践过程中的参与度、主动性、积极性等。

本书在编写过程中得到了学校领导、学生家长的鼎力支持，学校许多教师参与了本书的编写、审阅及修订工作，对他们所付出的努力一并表示感谢！

由于编写匆忙及水平所限，本教材难免有疏漏之处，真诚希望各位领导及同仁提出宝贵意见和建议，以便修改或重编时能更加严谨、充实！

第一单元

白衣天使——医务工作者

一个人从呱呱落地起就开始了他的人生旅途。生命是顽强的,也是脆弱的,需要我们用心去呵护。只有健康的体魄才能支撑我们紧张而繁重的学习任务,才能为我们成年后应对各种竞争和挑战奠定坚实的基础。每个人都希望自己身体健康,而医务工作者是健康的卫士,肩负着治病救人、提高人民健康水平的神圣使命。

本单元主要介绍临床医生的日常工作和家庭急救知识海姆立克急救法，介绍医务工作者需要遵守职业道德，坚持职业操守，凡事以患者的健康和利益为先；需要有强烈的责任心和使命感，时刻准备合理、公正地应对和解决患者的病情；需要勤奋和毅力，工作中需要长时间地保持毅力和细致状态；需要丰富的临床技能，以便更好地应对复杂情况和紧急情况；需要具备良好的沟通能力和人际关系处理能力，与患者、家属和同事建立良好的交流和合作关系，创造良好的医疗氛围。

　　本单元主要从角色肖像开始，让学生对医务工作者形成初步印象，其中涉及很多身边医务工作者的工作故事和工作成果，并介绍了钟南山院士等劳动榜样，让学生贴近这些劳动者，增强他们的劳动意识和劳动习惯。

　　本单元包含了很多案例和专业名词，与生物学科知识和生产、生活的结合点较多。我们在学习中需要秉承科学的态度，以质疑作为审视的出发点，以实证作为判别的尺度，注重理解，尝试用所学内容解决生活中的现实问题。本单元中医务工作者具体职业分类繁多，专业性强，有条件的同学可以前往各大医院了解医务工作者的日常工作特点及所需的劳动品质和劳动精神，在提升劳动意识的同时，理解劳动的价值和意义，并为自己找到职业方向。

第1课

妙手仁心：医生

角色引语

医生是一个崇高的职业，治病救人是医生的职责。如果说病人是受伤的小草，那么医生则是为他们施肥、除害的园丁；如果说病人是遭遇骇浪的船客，那么医生则是为他们保驾护航的船夫。故曰："医者父母心，杏林天使情"。

角色肖像

医务工作者扮演着多重角色，他们在医疗领域中发挥着不可或缺的作用。首先，他们是疾病和痛苦的治愈者，运用科学有效的医疗技术和治疗方法，恢复患者的健康，减轻其痛苦。同时，他们也是关怀者，为患者提供身体和精神上的支持和安慰，以确保他们感受到关爱与温暖。

其次，医务工作者是医疗领域的专家。通过长期的学习和实践，他们掌握了丰富的医学知识和技能，能够准确诊断疾病，并制定出有效的治疗方案。他们也是团队成员，与其他医护人员密切合作，共同制定和执行治疗计划，为患者提供全方位的医疗服务。

最后，医务工作者不仅仅是治疗者，更是公众健康的守护者。他们通过预防、诊断和治疗疾病，维护着整个社会的健康和福祉。此外，他们还担任着教育者的角色，向患者和公众传授医学知识和健康信息，帮助他们更好地了解和管理自己的健康问题。

综上所述，医务工作者的角色多样而丰富，涵盖了治疗、关怀、专业知识、团队合作、公共健康守护和健康教育等方面。他们的劳动与奉献使得医疗事业得以顺利运转，为患者和社会带来福祉与健康。

第1课 妙手仁心：医生

§ 观察下图医生的各种工作场景，并回答下面的问题。

图1-1 医生工作场景（图片来源：视觉中国）

1. 请根据上图展示的医生工作场景，描述其工作内容。

_____

_____

_____

2. 你觉得医生这份工作有哪些优点和不足？

_____

_____

_____

3. 你能根据日常生活经验和知识积累说出医院有哪些科室吗？

_____
_____
_____

角色故事

　　大山深处，一住就是一辈子；急诊室里，一守就是一昼夜；无影灯下，一站就是数小时；援外医疗，一干就是几春秋……这是许许多多中国医生的真实写照。习近平总书记指出，"广大医务工作者是人民生命健康的守护者"，"要恪守医德医风医道，修医德、行仁术，怀救苦之心、做苍生大医，努力为人民群众提供更加优质高效的健康服务"。

　　中宣部和国家卫生健康委联合发布 2023 年"最美医生"先进事迹，刘永生、李燕明、张颖惠、邵志敏、索朗片多、梁宗安等多名个人和中国援外医疗队光荣入选。

　　初心——"为了患者永不放弃，心中才不会留遗憾"

　　在梁宗安的手机里，至今仍珍藏着一张照片：一名患者站在海拔 5 200 多米的唐古拉山口上，微笑着向远方挥手。

　　10 多年前，这名患者因重症肺炎而生命垂危，经过梁宗安等专家团队的精心施救，转危为安。出院后，每当这名患者在旅行中拍到精彩的照片，就会发给梁宗安。

　　"为了患者永不放弃，心中才不会留遗憾。哪怕自己冒一点风险，也是值得的！"30 多年来，四川大学华西医院呼吸与危重症医学科主任梁宗安始终奋斗在医疗最前线……

　　时光在变，初心不变。"门诊时，尽量看得慢一点，把时间留给患者。"梁宗安说，很多患者来自外地，病情较复杂，他们看一次病很不容易，需要花时间问清楚病情，并给予正确的诊断和治疗。

多年来，梁宗安致力于呼吸与危重症医学、呼吸治疗学领域的临床、教学、研究工作，在华西医院推动建立呼吸重症监护病房、呼吸治疗专业教育制度和呼吸治疗师职业体系。作为呼吸与危重症医学科主任，他每年仍要完成呼吸科专科门诊约 3 000 余例次，每周完成 2 次疑难危重症病例查房和多学科诊疗。

锤炼——"只要有 1% 的希望，就必须用 100% 的努力去救治"

"让患者活下来、活得更好，是我们不懈的追求。在努力提升临床疗效的同时，我们还提倡对患者的全方位、全生命周期管理。"复旦大学附属肿瘤医院乳腺外科主任邵志敏已在我国乳腺癌防治领域深耕 30 多年。

在他的带领下，复旦大学附属肿瘤医院乳腺外科近年来收治的初诊乳腺癌患者 5 年生存率进一步提高。他发起编撰《中国抗癌协会乳腺癌诊治指南与规范》，致力于将中国乳腺癌指南推广覆盖到全部基层医院，还致力于推动乳腺癌的预防工作，联合上海疾病控制中心指导实施了上海七宝社区女性乳腺普查，提高乳腺癌早期诊断比例。

从医多年，他带领乳腺癌多学科团队建立了全球最大的三阴性乳腺癌多组学队列，发现了中国三阴性乳腺癌独特的突变谱特征，进而提出了相应的治疗策略。

"急诊室有几个重病人，要多关注一些。"每天早上的查房，山西医科大学第二医院护理部副主任张颖惠总要反复叮嘱，时刻想着为病患考虑多一些、付出多一些。

30 多年来，张颖惠在老年科、骨科、神经内科、重症医学科等临床一线不断锤炼，逐渐成长为一名重症护理专家。岗位在变，但张颖惠始终待患者如亲人。

"我们必须走到患者床旁，近点，再近一点。"张颖惠说。正因为这样的坚持，她深入临床一线，在山西率先开展了首例机械通气患者三腔营养管盲插技术，保障重症患者早期肠内营养支持；创新开展了危重患者"床旁一小时"查房模式，组织多学科护理专家通过床旁视、触、查、听，验证医嘱落实、评价护理效果、找出问题节点、现场协助解决，极大提升了不同专业的危重患者救治成功率。

情怀——"让乡亲们在村子里能治好病，绝对不让他们来回奔波"

在诊室里，患者一落座，北京医院呼吸与危重症医学科主任李燕明便要询问患者的职业，了解患者在工作环境中是否长期接触粉尘。不同于一些医生的简单询问，李燕明总要再追问几句："平时工作挺辛苦吧？累不累呀？"正是这些暖心的问候，使她与患者的关系更加融洽。

"记得有名来自农村的中年患者，住院时已出现多脏器衰竭，命悬一线。"李燕明说，这名患者是家中的顶梁柱，经营着一家小饭馆。在一次外出就餐时，他因食物中毒而发生严重的胃肠道感染，患病后无奈将小饭馆转让，才勉强凑够看病费用来北京求医。当李燕明得知患者家中积蓄用尽，便积极组织募捐，并向社会寻求公益支持。最终，该患者脱离险境。

痊愈后，该患者特意到北京看望医护团队。他告诉李燕明，他的小饭馆已经重新开张，生活回到正轨。李燕明说："身为医者，很难不把这份工作当成一份事业，只因为它可能改变一个人乃至一个家庭的生活轨迹。"

"让乡亲们在村子里能治好病，绝对不让他们来回奔波。"刘永生说，多年来，他边看病、边学习、边琢磨，数次自费参加专业培训，总结中西医结合治疗方法。无论是针灸、拔罐，还是导尿、接生，"乡亲们需要的，我都要学习"。

10年前，寺角营村的王存菊一早起来就腰腿疼得不能动，儿女都不在身边，老人赶紧给刘永生打电话……刘永生赶来后，初步诊断老人是腰椎间盘突出，于是背起老人到医院检查。医生建议老人住院治疗，但老人不愿意。于是，刘永生又把老人背了回来，输液、针灸、拔火罐，治疗了大半个月，老人病情逐渐好转。

自1976年从医至今，他出诊1万余次，先后接诊患者12万人次，被乡亲们亲切地称为"东塬上信得过的'120'"。

西藏自治区日喀则市吉隆县宗嘎镇卫生院院长索朗片多12年来走村串户，跑遍乡村每一条小道，深知每一名村民的身体健康状况。谁患有哪种慢性病，谁对哪些药物过敏，谁家的孩子什么时候该接种疫苗，谁家的媳妇什么时候到预产期，她的心里都有一本账。

索朗片多刚参加工作不到两年时，一名村干部打来电话："有名产妇情况危急，快来救救她！"当时该村未通路、山高谷深，她和一名医护人员在一名村民的带领下，克服危险行走一夜，第二天早上7点多终于到了患者家中，经过1个多小时的紧急处理，患者转危为安，她悬着的心才放下……

这样的紧急情况并不少见，但索朗片多总是克服困难，第一时间赶到患者家里，有时候需等到深夜，直到患者病情稳定，她还要再嘱咐几句，才会放心离开。

"一开始，我个子小，连马背都爬不上去，后来在村民们的帮助下我终于骑上了马背。"回忆起当年的场景，索朗片多露出了质朴的笑容，但骑马巡诊的背后，隐藏着鲜为人知的辛酸。巡诊时，坐在马背上的索朗片多一边要留意躲开身旁不时落下的石块；一边还要安抚受惊的马儿。"山路的一侧是岩石，另一侧是悬崖。一路骑下来，身心俱疲。"索朗片多说。

2017年，贡当乡的道路情况改善后，摩托车成为索朗片多出诊的主要交通工具，但碰上大雪封路等特殊情况，她仍坚持走到患者家中。

"扎根基层、服务基层是我回报社会最真实的行动，也是一项挑战。"索朗片多说，"我要保持一份赤子之心，坚持走下去，努力提升自己的专业能力，更好地为当地居民服务。"

援外——"履行国际主义义务是义不容辞的责任"

在中国援外医疗队中，一批又一批队员用热血和青春，铸就了"不畏艰苦、甘于奉献、救死扶伤、大爱无疆"的中国医疗队精神。

从1993年开始，武汉仁爱医院妇产科主任医师徐长珍四次赴阿尔及利亚援外医疗，和队友们共治疗妇产科门诊患者3.2万余人次、住院患者及产妇6.8万余人次，开展手术1.5万余台次，用精湛的医术和无私的大爱，创造了一个又一个生命奇迹，成为当地人心中的"中国妈妈"。

徐长珍记得，抵达当日，医疗队就遇到一名重度胎盘早剥、失血性休克的患者。手术中，徐长珍发现新生儿心跳微弱，在吸痰器等急救物品缺乏的情况下，她毫不犹豫地伏下身，口对口吸出新生儿口内的羊水和分泌物，并进行人工呼吸……最终，新生儿和产妇成功脱险。"我是白求恩医科大学毕业的，履行国际主义义务是义不容辞的责任。"她说。

一批批中国援外医疗队员把情怀和精力倾注于救死扶伤，既挽救了无数生命，还极大提高了受援国医疗技术水平，培养了医疗人员10万余人次，留下了"带不走的医疗队"，为全球公共卫生治理贡献着中国力量。[①]

---

① 白剑锋，杨彦帆.人民生命健康的守护者——2023年"最美医生"巡礼［N］.人民日报.2023-08-23（8）.

角色担当：身边的劳动者

分析：医务工作者在平凡的岗位上书写着一个又一个不平凡的故事，用自己的辛勤劳动为人民健康和经济社会发展护航。医务工作者的工作往往非常繁重，工作强度大，工作压力也较高。同时需要对患者展现同情心和关怀，耐心倾听他们的需求和疑虑，并给予情感支持和鼓励。他们的劳动精神和奉献精神，为社会的健康事业作出了重要贡献，值得社会的尊重和赞扬。我国劳动者分工不同，地位平等，都为社会主义现代化建设作贡献，都应得到承认和尊重。

§ 请阅读文章后回答下面的问题。

1. 你觉得作为医生需要具备的首要品质是什么？

_____

_____

_____

_____

2. 你最钦佩角色故事中的哪位医生？为什么？

_____

_____

_____

_____

角色榜样

她是大山里最后的赤脚医生，提着篮子在田垄里行医，一间四壁透风的竹楼，成了天下最温暖的医院，一副瘦弱的肩膀，担负起十里八乡的健康。她不是迁徙的候鸟，她是照亮苗乡的月亮。大山巍峨，溪水蜿蜒，月华皎洁，爱正慢慢地升起……

人物介绍

李春燕，女，苗族，贵州省从江县人，中共党员。1974年5月出生，2005年3月入党，中专文化，贵州省从江县雍里乡大塘村卫生室乡村医生，感动中国2005年度人物，全国劳动模范，第十七届"中国十大杰出青年"。作为一名乡村医生，在医疗条件极差的情况下，她时刻牢记自己是一名共产党员，在平凡的乡村卫生事业中，数十年如一日，任劳任怨，默默奉献，服务群众，用实际行动践行了全心全意为人民服务的宗旨。

主要成就

救死扶伤的好村医——李春燕

当了10多年的乡村医生，李春燕见证了大塘村百姓生病从"请鬼师"到"找医生"这个艰难的过程。

大塘村是贵州省从江县最大的村落，有2 500多人。2000年，一位名叫李春燕的女孩嫁到了这里。同年，她在卫校接受了三年正规教育后顺利毕业。学医的她来到大塘村后，发现这是一个被医学完全遗忘的角落。"小病扛、大病顶，实在不行把巫师请。"这是一个从没有过医生的苗族村寨，谁家有人生病了，要么花两三个小时抬到县城，要么花高价请县里的车拉病人去县城，迷信的人家就请巫师驱邪。小孩子生病了更是不懂得护理，大塘村每年有20多个新生儿降生，却有一半夭折。

面对这种情况，李春燕心想，村里要是有个卫生室多好呀。在家人的支持下，丈夫卖掉家里最值钱的2头耕牛，筹资2 000元，给李春燕开办了村卫生室，这是大塘村有史以来第一个卫生室。

卫生室开办后，因为群众经济困难，看病吃药付不起钱，只好赊欠记账，从5角钱开始，一元、几元、几十元不等。时间久了，因还不上药店的药费，让她感到万分无奈和艰难。幸运的是，李春燕的事迹经媒体报道，引起社会各界关注，在许多好心人的资助下，她欠药店的钱还上了，卫生室也能正常运转了。后来，她参加了中国红十字基金会的乡村医生培训计划，在北京接受了专门针对乡村医生的全方位培训。在热心人士帮助下，总投资22万余元的大塘村新村卫生室终于竣工。这个使用面积达270平方米的村卫生室，有药房、治疗室、病房、办公室、B超室等。

自从江县开始实施新农合医疗制度后，通过她的宣传工作，该村群众参合率逐年提高。在她看来，宣传医学知识也是一名党员的"重任"。在她潜移默化的影响下，大塘村原来的一些不良卫生观念也慢慢得到了转变，落后甚至愚昧的思想慢慢地被相信科学、住院治疗所取代，"住院分娩，母婴平安"的意识深入人心，孕产妇开始主动去医院生孩子。

李春燕一边工作一边学习，她先后到首都医科大学、贵阳医学院附二医院、上海宏康医院等机构进行培训，医术得到较大提升，得到大塘村村民的依赖。李春燕工作的大塘村博爱卫生站，每天都有10多人来就诊，她经常忙得顾不上吃饭，病人多的时候经常工作到凌晨两三点钟。善良、热情、尽责的李春燕，成了大塘村男女老少的"贴心人"。

这些年，经过李春燕诊治的病人一个又一个，经她双手接生的婴儿一个又一个，她所垫付和免收的药费自己也记不清了。她高尚的医德，就是病人的精神支柱，只要她在，大塘村2 500多名村民的健康就得到了保障；只要她在，从江县月亮山区人民群众的安康就得到了守护，她是守护苗乡的月亮。[①]

§ 请阅读文章后回答下面的问题。

1. 通过对李春燕医生相关资料的学习，你感受到了李春燕医生的哪些劳动品质？

_____

_____

_____

_____

2. 如果你希望成为一名医生，你觉得高中阶段需要做哪些准备？

_____

[①] 共产党员网.李春燕同志先进事迹材料［EB/OL］.（2014-04-03）［2024-08-05］. https://dianxing.12371.cn/2014/03/18/TEME1395134255785194.shtml.

角色本领

海姆立克急救法[①]

海姆立克急救法是 20 世纪 70 年代美国外科医生海姆立克教授发明的抢救急性呼吸道异物堵塞引起窒息的一种急救法。这项技术挽救了无数人的生命。为了表彰他在这方面工作的卓越贡献,便以他的名字命名了这种急救方法。

海姆立克急救法的原理

假设肺是一个气球,气管就是气球的气嘴,也就是肺部唯一的出口。往上腹部迅速施加压力,膈肌突然上抬,胸腔的压力骤然增加,像挤压气球一样,气管和肺内的大量气体就会突然涌向气管,将异物冲出,恢复气道通畅。

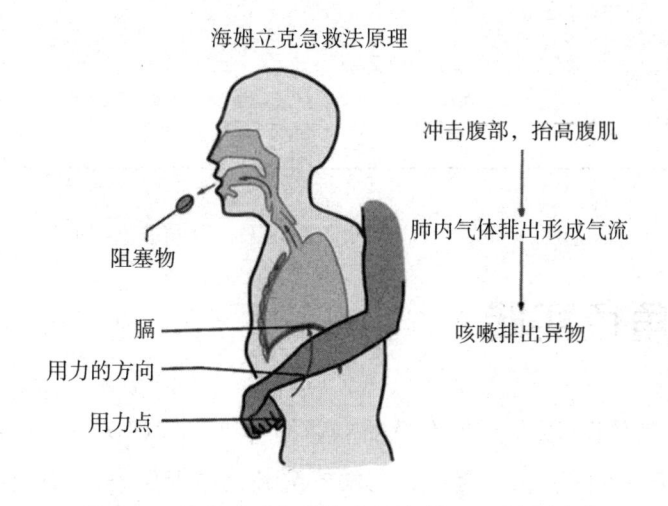

图 1-2 海姆立克急救法(图片来源:百度图库)

[①] 郭丽.家庭急救技术[M].北京:北京理工大学出版社,2021.

海姆立克急救法操作流程（成人）

◆ 用于神志清楚的患者、一般患者（腹部冲击法）

体位：施救者站在患者身后，双臂环抱其腰部，患者弯腰，头部前倾。

冲击手法：操作人员一手握空心拳，拳眼（拇指侧）紧顶住患者腹部正中，另一手紧握该拳。冲击部位：肚脐上两横指处。冲击方向：用力快速向内、向上冲击腹部，反复冲击，以此造成人工咳嗽，直至异物排出。

◆ 过度肥胖或妊娠后期的患者（胸部冲击法）

体位：患者取立位或坐位，操作人员站于患者身后，双臂经患者腋下环抱其胸部。

冲击手法：同腹部冲击法冲击部位：胸骨中下部，冲击方向：同腹部冲击法。

了解海默立克急救法后，你还希望知道医生的哪些技能呢？

表 1-1　岗位选择表

我希望学习的医生岗位技能	1. 2. 3. 4. 5.
我选择的原因	

角色实践

同学们，我们可以在医务人员的专业指导下，了解医务人员的日常工作，如果条件允许，也可以在校园中，在学校医务人员指导下，体验医务工作者的工作日常。体验时可以互相帮助，共同总结经验。

劳动实践推荐项目：

1. 同学眼镜义务清洁
2. ABO 血型检测
3. 肺活量、血压血糖检测
4. 医院门诊导诊服务

劳动者模拟	时　间	
	地　点	
	小组成员	
	岗位模拟过程	
		除了文字还可以通过拍照、录像、录音等方式记录。
	目　的	
	岗位模拟效果	

活动方案

活动目的：

1. 理解鉴定 ABO 血型的原理，观察抗原抗体结合后的凝集现象。
2. 学会 ABO 血型鉴定的方法。

活动准备：

标准 A、B 型血的血清，70% 医用酒精，医用碘酒，消毒棉球，载玻片，记号笔，采血针，牙签等。

活动步骤：

1. 用医用酒精消毒载玻片，待酒精挥发干，用记号笔在载玻片两端分别标上 A、B，并各滴加一滴相应的已知标准血清。

2. 分别用医用碘酒和 70% 酒精棉球消毒无名指指端，用经过灭菌的采血针刺破无名指皮肤，轻轻挤压出血滴，分别滴于载玻片 A、B 型血的标准血清中。

3. 再次用医用碘酒消毒伤口，用消毒棉球按压止血。

4. 用牙签轻轻地将血滴与血清搅匀，2～5 分钟后观察有无凝集现象，20～30 分钟后再根据有无凝集现象判定血型。

5. 凝集或发生溶血为阳性结果；细胞混匀后仍呈悬液状态，无凝集现象，为阴性结果。

注意事项：

1. 有严重晕血史的同学请不要参加此活动。
2. 所用器材必须干燥清洁，为避免交叉污染，建议使用一次性器材。
3. 血型鉴定采用的是抗凝血，可能一些不合格标本也会影响血型结果。
4. 幼儿可能存在红细胞抗原未发育完全的情况，老年体弱者可能抗原性较弱。

角色分享

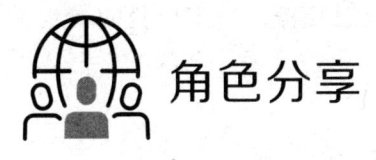

学校将邀请执业医生为同学们作讲座,并分享医生工作日常和职业特点,其中有互动交流环节,你打算提出哪些问题呢?

问题 1:＿＿＿＿＿＿＿＿＿＿＿＿＿＿＿＿＿＿＿＿＿＿＿＿＿＿＿＿

回答:＿＿＿＿＿＿＿＿＿＿＿＿＿＿＿＿＿＿＿＿＿＿＿＿＿＿＿＿＿

＿＿＿＿＿＿＿＿＿＿＿＿＿＿＿＿＿＿＿＿＿＿＿＿＿＿＿＿＿＿＿＿

＿＿＿＿＿＿＿＿＿＿＿＿＿＿＿＿＿＿＿＿＿＿＿＿＿＿＿＿＿＿＿＿

问题 2:＿＿＿＿＿＿＿＿＿＿＿＿＿＿＿＿＿＿＿＿＿＿＿＿＿＿＿＿

回答:＿＿＿＿＿＿＿＿＿＿＿＿＿＿＿＿＿＿＿＿＿＿＿＿＿＿＿＿＿

＿＿＿＿＿＿＿＿＿＿＿＿＿＿＿＿＿＿＿＿＿＿＿＿＿＿＿＿＿＿＿＿

＿＿＿＿＿＿＿＿＿＿＿＿＿＿＿＿＿＿＿＿＿＿＿＿＿＿＿＿＿＿＿＿

问题 3:＿＿＿＿＿＿＿＿＿＿＿＿＿＿＿＿＿＿＿＿＿＿＿＿＿＿＿＿

回答:＿＿＿＿＿＿＿＿＿＿＿＿＿＿＿＿＿＿＿＿＿＿＿＿＿＿＿＿＿

＿＿＿＿＿＿＿＿＿＿＿＿＿＿＿＿＿＿＿＿＿＿＿＿＿＿＿＿＿＿＿＿

＿＿＿＿＿＿＿＿＿＿＿＿＿＿＿＿＿＿＿＿＿＿＿＿＿＿＿＿＿＿＿＿

角色反思

在劳动者岗位模拟的过程中会遇到许多意想不到的情况,经过医生的专业指导,我们可以逐渐熟练起来,并取得一定的进步。在模拟过程中哪些地方是我们做得不错的？哪些地方还需要继续进步呢？反思交流，肯定自我的成长，认识到自身的不足，帮助自己进步吧！

表 1-2　岗位模拟评价表

主　体	评价内容	评价标准
自我评价	1. 认真工作，热情大方	☆ ☆ ☆ ☆ ☆
	2. 吃苦耐劳，勇于担当	☆ ☆ ☆ ☆ ☆
	3. 积极主动，大胆尝试	☆ ☆ ☆ ☆ ☆
同伴评价	1. 认真工作，热情大方	☆ ☆ ☆ ☆ ☆
	2. 吃苦耐劳，勇于担当	☆ ☆ ☆ ☆ ☆
	3. 积极主动，大胆尝试	☆ ☆ ☆ ☆ ☆
医务工作者评价	1. 认真工作，热情大方	☆ ☆ ☆ ☆ ☆
	2. 吃苦耐劳，勇于担当	☆ ☆ ☆ ☆ ☆
	3. 积极主动，大胆尝试	☆ ☆ ☆ ☆ ☆
我的优点		
我的不足		
基层劳动者评价		
我们的实践收获与感想		
我的评价与建议		

第1课 妙手仁心：医生

活动案例

"劳动意识："医疗服务在丽中"活动顺利开展[①]

为完善学校课程设置，结合我校科技高中之学术高中分类办学和特色发展的方向，营造我校浓厚的校园科技氛围，提高学生的劳动意识，理解劳动创造价值，形成具有劳动自立意识和主动服务他人、服务社会的情怀，2020年12月31日中午，在校医林医生的指导下，高二年级的志愿者同学们在丽水中学莲花广场为全校师生开展了一次"医疗服务在丽中"的劳动志愿服务活动。

服务项目包括：眼镜清洁服务、血型检测服务、血涂片检查服务、心电图监测服务、肺活量监测服务、血压检测服务、血糖检测服务、膝反射和握力检测服务共8项医学相关志愿服务。在活动中，劳动服务的意识在同学们之间传递，同学们在活动中体验着仁爱之心、医者之心，感受到为患者服务、为同学服务、为社会服务的崇高精神。

活动1：眼镜清洁服务

志愿者们利用午休时间为同学和老师进行眼镜清洁服务，同时向同学们宣传眼镜纠正视力的原理，以及生活中的爱眼小常识，让很多同学认识到了保护眼睛的重要性。

图1-3 眼镜清洁服务场景（图片来源：学校提供）

[①] 活动案例中的照片均为现场照片，由学校提供。

活动 2：血型检测服务

血液是我们身体中必不可少的元素，血型鉴定是安全输血的前提。同学们在校医的指导下，利用 ABO 检测试剂对同学们进行血型检测服务。志愿服务的同学利用掌握的技能，将所学的生物学知识运用到生活中。同学们踊跃参加，知道自己的血型后，收获了惊喜。

在该项目中，同学们了解了血型的检测原理以及无偿献血从采集、检测、分离提取到储存的过程，也认识到无偿献血拯救生命的重大意义，在心中种下了"爱"的种子。

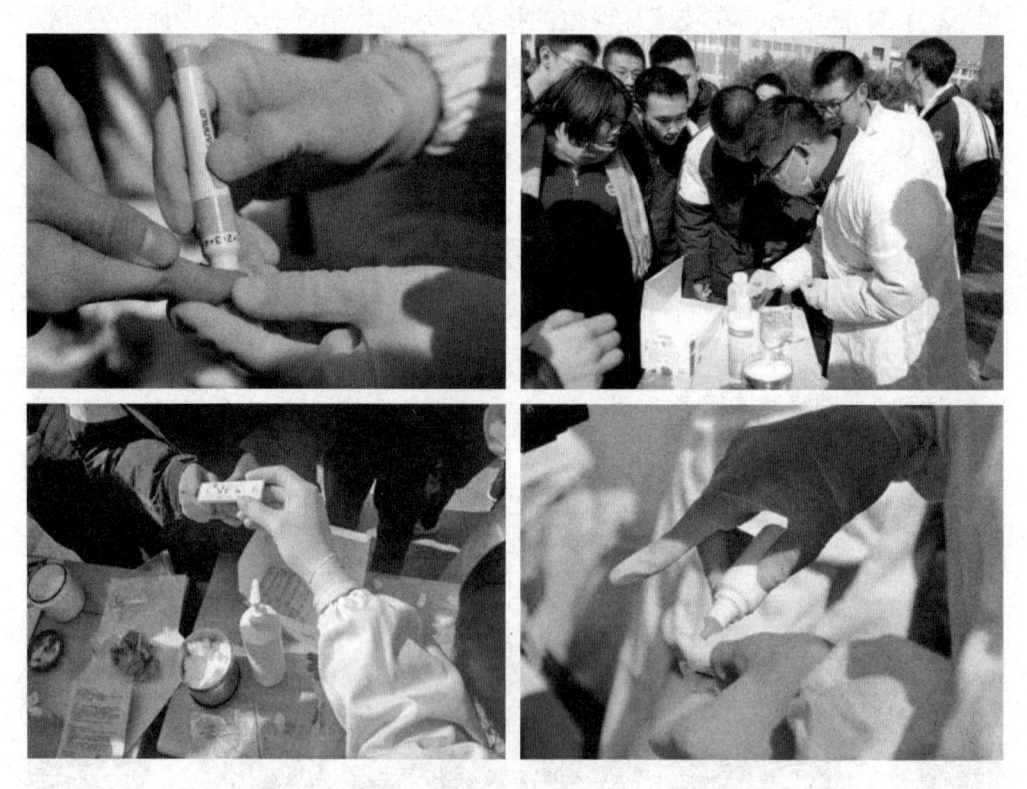

图 1-4　血型检测服务场景（图片来源：学校提供）

活动 3：血涂片检查服务

血涂片的显微镜检查是血液细胞学检查的基本方法，应用极广，特别是对各种血液病的诊断有很大价值。

同学们根据采集的血液，制作成血涂片，采用染液进行染色放在载玻片上

图1-5 血涂片检查服务场景（图片来源：学校提供）

观察自己的红细胞、白细胞和血小板，并利用所学的血细胞计数方法评估血细胞数量。

活动4：心电图监测服务

心电图可以帮助医生诊断心脏疾病，志愿者利用学校生物创新实验室的生物机能实验系统，根据心电图的操作规范，细心地让被检测的同学躺平放松，并规范地用酒精擦拭皮肤，放上电极。志愿者同学根据心电图的图像，简单地判断心率和不同波的情况，告诉其他同学辨认波形的方法，并反馈同学们的心电图情况。

活动5：肺活量监测服务

志愿者同学利用肺活量检测仪，指导同学们测量肺活量，并将测量结果告知同学。

图1-6 心电图监测服务场景（图片来源：学校提供）

图1-7 肺活量监测服务场景（图片来源：学校提供）

角色担当：身边的劳动者

活动 6：血压检测服务

同学们利用自己学习的血压检测原理，在校医指导下使用听诊器，部分同学用电子血压计帮助其他同学快速检测，在活动中同学们了解到血压的生物学原理，血压过低过高（低血压、高血压）都会造成严重后果，学会关注自己和家人的健康，了解血压对于健康的意义。

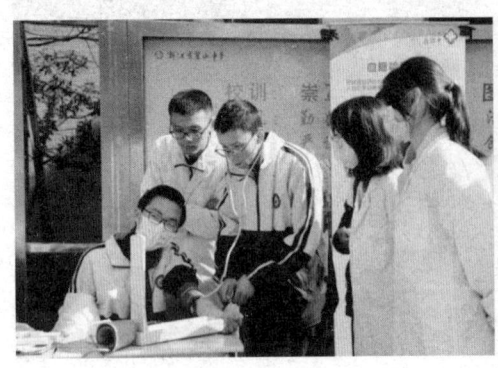

图1-8 血压检测服务场景（图片来源：学校提供）

活动 7：血糖检测服务

志愿者同学在校医的指导下规范地旋下采血笔盖，装入一次性采血针，取出测试片，并将测试片插入血糖仪，进行测量。部分同学表示虽然有点痛，但是能知道自己的血糖还是非常高兴的。

利用血糖测定试纸为前来检测血糖的同学进行测定，对于部分血糖检测异常的同学，建议其到医院进一步复查，了解异常结果出现的原因。

图1-9 血糖检测服务场景（图片来源：学校提供）

活动8：膝反射和握力检测服务

在临床上，膝反射是体格检查的一项内容。志愿者指导同学们坐在椅子上，绑上位移检测带，并用叩诊锤以适合的力度敲打病人的髌骨下方的髌韧带部位，电脑根据波形变化记录膝反射的反应。很多同学表示虽然在生物教材中学习了膝反射，但是并没有亲身体验过膝反射的过程，看到自己的腿不自主地抬起来感觉很神奇。

图1-10 膝反射和握力检测服务场景（图片来源：学校提供）

时间过得很快，马上要上课了，但是很多同学仍然围在志愿者同学的面前不愿离开，希望继续了解活动内容、参与相关活动。志愿者同学表示虽然一个中午的活动很辛苦，但是看到同学们能够了解医学相关知识、知道自己的血型，感觉十分满足和幸福。有同学表示，通过这样的活动，坚定了自己将来要成为一名医生的愿望，在服务和劳动中体验到了快乐！

角色回顾

1. 在病人就诊期间，医生应该如何与他们进行有效的沟通？
   A. 认真倾听，以便更好地理解病情
   B. 使用简单的语言进行解释
   C. 提出开放式问题，以激发更多的交流
   D. 所有选项都是正确的

角色担当：身边的劳动者

2. 作为一名医生，你需要了解哪些基本伦理和道德原则？
   A. 数据保密和隐私原则
   B. 病人的自主权和知情同意
   C. 尊重所有病人
   D. 所有选项都是正确的

3. 在学校里，你的班级参加了学校的医务志愿者活动。在这个活动中最重要的是什么？请谈谈你的看法。
   _____
   _____

4. 你认为本课的学习对你的成长有什么影响？请简要谈一下你的看法，并举例说明。
   _____
   _____

第二单元

城市精灵——基层劳动者

生活在城市里，我们每天都在享受着城市带给我们的便利。鳞次栉比的高楼大厦为我们提供了居住场所，四通八达的交通网为我们提供了便捷的出行条件，汗牛充栋的文献书籍为我们提供了丰富的学习内容……当然，还有一项非常重要的活动每天都在城市里进行着，那就是居民们的消费活动。随着经济的发展和技术水平的提高，人们的消费活动也变得越来越便捷，网上购物成了当下许多人热衷的消费形式。商品最终顺利到达消费者手上，离不开城市里辛勤劳动的一群人，那就是"城市的精灵"——一群默默付出的城市基层劳动者。

本单元主要通过介绍快递员和电商主播两个不同类型的城市基层劳动者的劳动日常，使学生了解到基层工作者需要具备相应的专业技术能力来处理工作中随时可能出现的问题；需要有较强的创新能力和与时俱进的精神品质，来应对行业发展过程中随时可能出现的新变化；需要有强烈的责任心和使命感，来尽力满足消费者的个性化需求。

　　本单元主要从角色肖像开始，让学生对城市基层工作者形成初认识，涉及很多典型的快递员和电商主播的工作故事和工作成果，介绍了如王顺友等劳动榜样，让学生贴近这些典型榜样，并以榜样的力量，涵养学生的劳动意识和劳动习惯。

第 2 课
使命必达：快递员

角色引语

快递员是指使用快递专用工具、设备和应用软件系统，从事国内、国际及港澳台地区的快件揽收、分拣、封发、转运、投送、信息录入、查询、市场开发、疑难快件处理等工作的人员。

快递员是现代物流行业中不可或缺的重要角色，他们通过提高服务质量、促进电商发展、降低成本、提高消费者满意度等方面，为社会和企业作出了重要的贡献。

图 2-1　快递员（图片来源：视觉中国）

角色肖像

快递是伴随着当今社会人们对快速、高效、便捷的需求应运而生的服务业。快递员是快递业中的主角。他们所扮演的角色就是要在规定的时间内将物品或信件快速、安全交送到客户所指定的接收方手中。作为一名快递员，除了要求其责任心强以外，还必须有健康的体魄和吃苦耐劳的精神，才能够适应长时间户外紧张、高效率的工作。

1. 请谈一谈你的日常生活中与快递员相关的场景。

_____

_____

_____

_____

2. 你认为成为一名合格的快递员需要具备哪些精神品质？

_____

_____

_____

_____

_____

角色故事

在丽水云和县的深山中，有一位名叫梅盛希的快递员，他坚守在云和县第四揽投部，默默地在最艰苦的乡邮路线上奔跑了三十多年。这三十多年里，他累计奔波了35万多公里，相当于绕过了地球十圈，因此，他被人们誉为"深山里的鸿雁"。

梅盛希自1983年起，便踏上了这条崎岖的乡村邮路。晴天时，他顶着烈日，汗水浸湿了衣裳；雨天时，他踩着泥泞，却从未退缩。他穿梭在梅源、大湾等云和最偏僻的村落之间，为村民们送去了一封又一封承载着希望和情感的信件。

1985年的冬天,大雪封山,邮路被厚厚的积雪阻断。然而,梅盛希并没有因此而放弃。他挑着沉甸甸的邮包,从崇头出发,穿越和平,再翻山越岭到达沙铺村,最后抵达大湾。他冒着严寒,历经三天三夜,将外面的消息一一传达给焦急等待的村民们。

在漫长的邮路上,梅盛希不仅是信息的传递者,更是村民们的贴心人。他深知每一封信、每一份包裹背后都寄托着家人的牵挂和期望。因此,他总是竭尽全力确保邮件的准时送达。他的妥投率高达100%,赢得了村民们的广泛赞誉。

除了传递邮件外,梅盛希还常常帮助老人们解决生活中的困难。有的老人眼睛不好,他就主动为他们阅读报刊、信件;有的老人儿女不在身边,他就帮忙缴电话费、购买生活用品。他的善良和热心让老人们感受到了家的温暖和关怀。

在投递工作中,梅盛希经常遇到地址不详、用户搬迁等无法投送的"死信"。但他从不轻言放弃,总是四处打听、多方寻找,尽力将每一封"死信"都送到收件人的手中。他的执着和坚持让许多"死信"得以复活,为收件人带来了意外的惊喜和感动。

三十多年来,梅盛希在邮路上洒下了无数的汗水和心血。他的辛勤付出不仅赢得了村民们的尊敬和爱戴,也让他与村民们结下了深厚的情谊。他用自己的实际行动诠释着责任和担当的真谛,成为了云和县乡村邮路上一道亮丽的风景线。[1]

---

[1] 浙江邮政.浙江省第二届最美快递员丨丽水邮政梅盛希:深山里的鸿雁[EB/OL].(2022-10-27)[2024-08-12]. https://mp.weixin.qq.com/s/5ce7IyG_UDuNyTSKezPXTA.

角色榜样

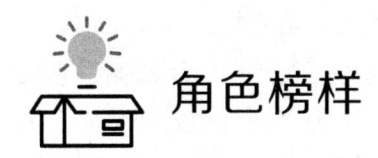

"马班邮路"的忠诚信使——王顺友

四川的木里县城位于青藏高原和云贵高原的结合处,平均海拔达到3 000多米。这里群山环绕,地广人稀,大山中散落着许多乡镇。山里没有公路、没有电话,乡镇人民与外界沟通主要通过邮递员传递信件。

当时一个人正常出行都十分困难,邮递员带上信件和骡马更是难上加难。在这种艰难的环境下,"马班邮路"的忠诚信使——王顺友为乡民们带来了希望。从业32年的时间里,王顺友的投递准确率为100%,从未丢失过一份信件,没有因为路途艰难迟到过一次。王顺友说:"送信对我来说仅仅是一个饭碗,但它是乡亲们的寄托以及对我的信任。正是看到乡亲们收到信件和报纸时的喜悦,才使我坚持了这么多年。"

王顺友被誉为世界邮政史的一段传奇。为表彰他的伟大贡献,王顺友荣获全国五一劳动奖章、全国劳动模范、全国敬业奉献模范、全国优秀共产党员、感动中国2005年度人物等荣誉。2009年,王顺友被评选为新中国成立以来感动中国的100人之一。

据中国邮政集团有限公司凉山分公司统计,在不通公路的20年间,王顺友在马班邮路上跋涉了26万公里。

送信听起来很简单,但是途中的突发状况屡次使王顺友身处险境。1988年7月的一天,王顺友需要渡过雅砻江去俸波乡送信。在白碉乡到俸波乡的路上,有一段被老百姓称为"九十九道拐"的魔鬼路段。这条道上拐连着拐、弯连着弯,上面是高耸入云的悬崖,下面是湍急汹涌的雅砻江,一不注意就可能从山上滑落掉进滔滔江水中。而雅砻江是到俸波乡的必经之路,每次过雅砻江王顺友都面临着生与死的考验。

有一天,王顺友像往常一样挂上溜索缓缓出发,眼看就要滑到对岸,溜索上的绳子突然断裂,王顺友从两米多的高空中摔到了河滩上,背上的邮件包滑落到了江中。

王顺友心中一直记着父亲的嘱咐:"一定不能丢失、损毁信件。"坠落的王顺友不顾身体的疼痛，赶忙爬起来去捞邮件。他抓起一根树枝跃入江中，费尽力气将邮件包救了回来。上了岸，王顺友才发觉身体已经摔得惨不忍睹，直接倒在了河滩上。但是看着沉甸甸的邮件包，想到了乡亲们翘首企盼的目光，王顺友艰难地站起身来，向倮波乡缓缓走去。

2005年，王顺友被评选为"感动中国"十大人物。颁奖词写道："他朴实得像一块石头，一个人，一匹马，一段世界邮政史上的传奇……"[①]

§ **请阅读文章后回答下面的问题。**

1. 有人说，快递员社会地位低下，你如何看待快递员工作？

_____

_____

_____

2. 你认为从事快递员工作需要具备哪些职业技能？

_____

_____

_____

角色本领

作为一名快递员，需要具备以下技能和知识：

1. 地理知识和导航能力：快递员需要熟悉当地的路线和交通状况，能够准确地找到客户的位置并将包裹送到正确的地址。

2. 良好的沟通技巧：快递员需要与客户、同事和上级进行有效的沟通，包

[①] 南岛奇甸.一人一马20年跋涉26万公里，儿子忆王顺友：自己送信才知父亲辛苦［EB/OL］.（2021-11-17）［2024-08-12］.https://baijiahao.baidu.com/s?id=1716639932959908807&wfr=spider&for=pc.

括询问、解释和解决问题。

3. 快速而准确的送货能力：快递员需要在规定的时间内将包裹送达客户手中，同时保证包裹的安全和完整。

4. 体力和耐力：快递员需要经常进行步行或骑行等体力活动，因此需要有足够的体力和耐力。

5. 团队合作精神：快递员通常需要与其他快递员一起工作，因此需要具备团队合作精神和协调能力。

6. 包裹分类和打包技能：快递员需要对不同类型的包裹进行分类和打包，以便更好地管理和分配。

7. 基本的电脑操作技能：快递员需要熟悉使用电脑填写运单、查询订单状态等基本操作。

8. 对安全问题的重视：快递员需要了解如何保护自己和包裹的安全，避免遭受盗窃或其他安全问题。

1. 你觉得快递员作为普通劳动者中的一员，需要具备的首要品质是什么？

_____
_____
_____
_____
_____

角色实践

"社区快递员职业生活体验"社会实践活动方案

一、指导思想和意义

将研究性学习与社会实践相结合，要求学生走出校园、走向社会，自己尝试解决研究社会问题，成为学生课余生活的有益补充。通过活动，使学生开阔视野、启迪心智，培养学生的社会责任感、创新精神和实践能力。

二、活动时间和地点

由劳动课老师和班主任商量后决定。

三、参加人员

全班同学。

四、活动目的

通过有计划、有组织、有选择的社会实践活动，提高学生"发现问题、提出问题、分析问题和初步解决问题"的能力以及创新能力和实践能力，使学生在研究解决问题的实践中，逐步形成承担社会责任的意识；在合作探究的过程中，提高综合素质，为学生主动适应社会发展奠定良好的基础。

五、活动过程

1. 接收快递：快递员每天需要到快递公司的网点或驿站接收快递，并将快递单据与包裹进行核对，确保快递信息准确无误。

2. 分拣：快递员将收到的快递进行分拣，按照目的地、运输方式等进行分类，方便后续的配送。

3. 扫描：快递员需要使用扫描枪扫描每一个包裹上的快递单号，以便在物流系统中进行跟踪和记录。

4. 打包：快递员需要将分拣好的快递进行打包，确保包裹安全，防止损坏和丢失。

5. 配送：快递员需要将打包好的快递按照路线进行配送，送达每一个收件人的手中；快递员需要保证配送的准确性和及时性，确保快递能够按时到达。

6. 交接：快递员将需要配送的快递进行交接，把它交到快递公司的下一个环节中。

7. 客服：担任客服的快递员需要处理客户的咨询和投诉，及时解决问题，以维护公司形象，赢得客户信任。

角色反思

岗位模拟的过程中会遇到许多意想不到的情况。经过专业快递员的指导，我们可以逐渐熟练起来，并取得一定的进步。在模拟过程中哪些地方是我们做得不错的呢？哪些地方还需要继续进步呢？反思交流，肯定自我的成长，认识到自身的不足，帮助自己更好地进步吧。

表 2-1　岗位模拟评价表

主　体	评价内容	评价标准
自我评价	1. 认真工作，热情大方	☆ ☆ ☆ ☆ ☆
	2. 吃苦耐劳，勇于担当	☆ ☆ ☆ ☆ ☆
	3. 积极主动，大胆尝试	☆ ☆ ☆ ☆ ☆
同伴评价	1. 认真工作，热情大方	☆ ☆ ☆ ☆ ☆
	2. 吃苦耐劳，勇于担当	☆ ☆ ☆ ☆ ☆
	3. 积极主动，大胆尝试	☆ ☆ ☆ ☆ ☆
物流工作者评价	1. 认真工作，热情大方	☆ ☆ ☆ ☆ ☆
	2. 吃苦耐劳，勇于担当	☆ ☆ ☆ ☆ ☆
	3. 积极主动，大胆尝试	☆ ☆ ☆ ☆ ☆
我的优点		
我的不足		
基层劳动者评价		
我们的实践收获与感想		

角色回顾

1. 快件安全的内容不包括（　　）。
   A. 防止丢失
   B. 防止被盗
   C. 防止泄密
   D. 防止退件

2. 下列哪些不是快递业务员常用的劳动防护用品？（　　）
   A. 护腰背心
   B. 防护眼镜
   C. 防护帽
   D. 防护鞋

3. 今天，很多人喜欢网络购物，请你谈一谈快递员在网络购物中起到了哪些重要的作用？

_____

_____

4. 请你谈一谈快递员这一职业对城市发展的意义。

_____

_____

第 3 课
好物使者：电商主播

角色担当：身边的劳动者

角色引语

随着互联网的发展，电商主播这个职业越来越受欢迎。在线电商正在改变人们的购物习惯，而电商主播是使得网购顺利进行的重要力量。

角色肖像

图 3-1　电商主播（图片来源：视觉中国）

电商主播最重要的一项工作是利用不同的技巧和营销活动，吸引更多的用户来购买商品。他们需要对用户的消费行为和口味有很深入的了解，以便有针对性地为用户提供更适合的产品。同时，电商主播需要不断改进产品描述，提高其在网络上的可见度。他们需要把产品特性描述清楚，传达给消费者有用的信息，以便让他们更容易作出购买决定。此外，他们还需要在不同的渠道宣传和分享产品，比如在不同社交媒体上发布文章或者视频，搭建更多的渠道推广产品。

1. 请谈一谈电商主播这一职业的出现对现代商业发展的意义。

_____

_____

_____

2. 请谈一谈成为一名优秀的电商主播需要具备的技能有哪些？

_____

_____

_____

角色故事

在浙江丽水龙泉，有一位95后的高颜值小哥蒋俊杰，他在网络上以独特的个性和对青瓷的热爱吸引了近35万粉丝，他正在用自己的方式，让更多人了解并爱上家乡的青瓷文化。

蒋俊杰出生在一个充满传统气息的家庭，家里原本经营着刀剑生意，但随着时间的推移，家里的业务逐渐转向了青瓷。从小在青瓷和刀剑文化的熏陶下长大，蒋俊杰对这两者都有深厚的感情。然而，在毕业后，他选择了远离家乡，前往深圳和武汉从事抖音运营工作，希望在大城市中寻找自己的定位。

经过一年多的打拼，蒋俊杰积累了丰富的电商运营经验，但他始终忘不了家乡的青瓷。去年，他收到了父亲的短信，得知家里计划将青瓷生意延伸到线上，并希望他能回家参与。这个消息让蒋俊杰陷入了沉思，他开始思考如何将自己在抖音上的影响力和电商运营经验与青瓷相结合。

经过深思熟虑，蒋俊杰决定回到龙泉，用自己所学为家乡的青瓷事业贡献力量。他回到了那个充满回忆的家乡，开始了与青瓷的亲密接触。每天，他都会跟着厂里的师傅学习青瓷制作技艺，从拉坯到定型，每一个步骤都认真细致，非常投入。虽然学习的时间不长，但蒋俊杰已经深深爱上了这门艺术。

在学习的过程中，蒋俊杰不仅感受到了青瓷的魅力，还找到了自己喜欢的生活节奏。他说："尝试了之后对青瓷这个行业越来越感兴趣，觉得青瓷越来越好看了，梅子青如同翠玉一般，特别耐看。之前在大城市生活节奏快，自己的心一直都是很浮躁的，在学习青瓷制作技艺的过程中，确实感到自己的心静下来了，也更专注、仔细和认真了。现在的生活节奏是我很喜欢的，每天过得很充实。"

除了学习青瓷制作技艺外，蒋俊杰还利用自己的抖音账号进行直播。每天下午4点半，他都会准时开播，现场制作青瓷并送给网友。在直播中，他不仅展示了自己的制作技艺，还向网友介绍了青瓷的历史和文化。他的直播吸引了大量粉丝的观看和互动，让更多人了解并喜欢上了龙泉青瓷。

展望未来，蒋俊杰表示将继续潜心学艺，创作更多的青瓷作品，为青瓷的传承和宣传贡献自己的力量。同时，他也将用心做好一个优质主播，不辜负几十万粉丝的喜爱和支持。[1]

角色榜样

乌干达姑娘嫁到浙江成为美食博主

露丝这位"最了解中国的外国媳妇"，做菜好又乐于助人，经常帮助邻居干农活，和他们分享自己做的美食，近来又开始尝试直播带货，销售村里的农产品。"作为一名'农创客'，我希望能够通过直播、丝路电商等渠道，将中国特色产品卖向全世界。"露丝说。

人物介绍

露丝，女，"90后"，来自乌干达，是一名职业博主。8年前，她来到中

---

[1] 丽水在线.获赞700万！狂吸35万粉丝！丽水23岁高颜值青瓷小哥哥，火了！[EB/OL].（2022-09-05）[2024-08-13].https://mp.weixin.qq.com/s/rgX55KQWqn7USvew_XujYQ.

国，定居浙江省丽水市遂昌县金竹镇叶村。拥有超过千万粉丝，是抖音和小红书两大平台上粉丝最多的外国博主之一。

8年前，露丝从乌干达来到遂昌，和丈夫吴建云相识相恋并结婚。2021年7月22日，她在社交平台上发出了第一条视频，记录在农村市场上讨价还价的场景，获得网友24.9万的点赞。如今，她先后发布了400多条视频，在短视频平台积累了2 000多万粉丝。露丝曾在中国商人开设的家具城做销售员，踏实勤奋的她嫁到中国后主动向丈夫学习中文，不到半年就能用中文和村民们问好寒暄，渐渐融入了丈夫家乡的生活。

一次偶然的机会，露丝开始尝试用视频分享自己的生活。视频中，她和亲友一起割草、养鸡、赶集、照看村里老人、帮村民采茶……不少网友通过她的视频喜欢上丽水乡村、爱上丽水美食。谈起在中国农村的生活，露丝满脸都是幸福的微笑："这里空气好、环境好。我们可以在花坛里种花、在农田里种菜、上山采茶。儿子读小学了，很听话。还有这么多善良热情的朋友支持我，我很满意现在的生活。"露丝说："青年返乡创业，炒茶制茶、榨茶籽油、养有机鱼、开农家乐和民宿……大家都在努力致富。村里还鼓励我们发展电商，开展直播带货。"

"中国农村给我最深刻的印象是民风淳朴，人们互帮互助，有非常深厚的乡土情谊。"露丝说，从去年8月到现在，她已经策划了8场直播，累计销售农产品20万单，"这只是一点小成绩"。露丝最希望带火的是农产品，把当地土鸡蛋、柠檬、红柚、芒果等特产多多卖出去。"我得对得起大家的支持和喜欢，帮助乡亲们过上更好的生活。"

2023年6月，丽水当地表彰推广地方美食和乡土内容的创作者，露丝也得到当地的宣传介绍。近年来，根据国家乡村振兴战略，丽水市积极发展农村旅游和乡镇产业，帮助农民改善生活。露丝对自己的生活感到满意，对未来也充满希望。她说："家人在一起，儿子健康幸福成长，这就是我理想的生活方式。"

2023年10月，露丝一家亮相第三届"一带一路"国际合作高峰论坛，中国与各国人民互亲互爱、互帮互助的生动故事不断涌现，为高质量共建"一带一路"夯实了民意基础。露丝希望继续做好中非文化交流的使者，把更多优质的中国产品带给非洲朋友。"'一带一路'搭建的'金桥'，让我们过上美好生活。"[1]

§ 请阅读文章后回答下面的问题。

1. 从露丝的工作经历中你学到了什么？

_____

_____

_____

_____

2. 你认为胜任电商主播工作需要具备哪些职业技能？

_____

_____

_____

_____

角色本领

1. 展现能力

抖音电商主播的展现能力主要表现在产品的外观呈现、主播气场和肢体语言这三方面。

产品外观：做直播带货要把产品放在第一位，让顾客通过手机屏幕初步了解产品的外观，要把产品放在显眼的位置进行展示；

---

[1] 邹星.增进民心相通共创繁荣未来（共建"一带一路"·民心相通）[EB/OL].（2023-11-24）[2024-08-12]. http://sn.people.com.cn/n2/2023/1124/c186331-40652812.html.

主播气场：主播在直播带货时，气场要足够强大，有自信的人自带吸引力，才能赢得观众的信任；

肢体语言：肢体、表情自然丰富，要让观众隔着屏幕感受到主播的热情，可以根据产品的特点设计专属自己直播间的特定动作。

2. 表达能力

主播的表达能力主要包括以下两项：

语速：抖音电商主播的语速要在人均停留时间内尽量加快，但是一定要有节奏，感情要丰富，语调要抑扬顿挫；

产品描述：介绍产品话术要专业，善用专业术语突出产品的价值。

3. 互动能力

主播的互动能力主要包括以下三项：

解答用户问题：要对产品充分了解，消除顾客下单前的疑虑；

促单：合理运用促单技巧，提升产品成交额；

提升直播间数据：了解直播间的权重，有针对性地对话术进行提升。

4. 掌控能力

一名优秀的电商主播最重要的是对整体的掌控能力，其中包括以下三项：

脚本流程：提前跟后台运营人员沟通好，熟悉脚本的流程；

调动氛围：带动购买氛围，使直播间气氛轻松愉快，可以播放音乐调动气氛；

反应能力：遇到突发状况，比如直播间实验翻车等情况能及时应对并解决。

角色实践

"电商主播职业生活体验"社会实践活动方案

一、指导思想和意义

将研究性学习与社会实践相结合，要求学生走出校园、走向社会，自己尝试解决研究的社会问题，作为学生课余生活的有益补充。通过活动，使学生开阔视野、启迪心智，培养学生的社会责任感、创新精神和实践能力。

二、活动时间和地点

由劳动课老师和班主任商量后决定。

三、参加人员

全班同学。

四、活动目的

通过有计划、有组织、有选择的社会实践活动，提高学生"发现问题、提出问题、分析问题和初步解决问题"的能力以及创新能力和实践能力，使学生在研究解决问题的实践中，逐步形成承担社会责任的意识；在合作探究的过程中，提高综合素质，为学生主动适应社会发展奠定良好的基础。

五、活动过程

1. 策划：分析产品的特点：竞争优势、目标受众，确定直播主题和内容，进行场景设计，选定话题文案，制定营销方案。

2. 直播前准备：安排好场地、设备、服装、化妆等，制定直播计划表，以及随机应变的方案。

3. 直播进行中：主播通过专业话术技巧，展示产品特点、用处、亮点等，引导消费者增强购买欲望，加强互动，让观众成为潜在客户。

4. 直播后工作：维护和增强客户关系，提供深入的购买指导和售后服务，记录销售和反馈数据，分析和调整营销策略。

角色反思

岗位模拟的过程中会遇到许多意想不到的情况。经过专业电商主播的指导，我们可以逐渐熟练起来，并取得一定的进步。在模拟过程中哪些地方是我们做得不错的呢？哪些地方还需要继续进步呢？反思交流，肯定自我的成长，认识到自身的不足，帮助自己更好地进步吧。

表 3-1 岗位模拟评价表

主　体	评价内容	评价标准
自我评价	1. 认真工作，热情大方	☆ ☆ ☆ ☆ ☆
	2. 吃苦耐劳，勇于担当	☆ ☆ ☆ ☆ ☆
	3. 积极主动，大胆尝试	☆ ☆ ☆ ☆ ☆
同伴评价	1. 认真工作，热情大方	☆ ☆ ☆ ☆ ☆
	2. 吃苦耐劳，勇于担当	☆ ☆ ☆ ☆ ☆
	3. 积极主动，大胆尝试	☆ ☆ ☆ ☆ ☆
电商主播工作者评价	1. 认真工作，热情大方	☆ ☆ ☆ ☆ ☆
	2. 吃苦耐劳，勇于担当	☆ ☆ ☆ ☆ ☆
	3. 积极主动，大胆尝试	☆ ☆ ☆ ☆ ☆
我的优点		
我的不足		
基层劳动者评价		
我们的实践收获与感想		

角色回顾

1. 下面对新媒体的说法正确的是（　　）。

　A. 电脑是新媒体接收信息最常用的工具

B. 新媒体的表现形式只能是图文信息

C. 在门户网站可以通过发帖、话题专栏等进行新媒体营销

D. 自媒体和新媒体是不同的，自媒体不能进行新媒体营销

2. 主播在开启直播生涯时，对直播内容需要把握的是（　　）。

　　A. 对直播内容进行创新

　　B. 对直播内容进行连贯

　　C. 直播内容要和粉丝的需求相匹配

　　D. 对直播内容进行表演

3. 请你谈一谈电商主播在商品销售过程中起到的作用。

_____

_____

4. 有人认为电商主播是"工作轻松、赚钱又多"的职业，请就这一观点谈谈你的看法。

_____

_____

第三单元

大国工匠——城市建造者

建筑业指国民经济中从事建筑安装工程的勘察、设计、施工以及对原有建筑物进行维修活动的物质生产部门。按照国民经济行业分类目录，作为国民经济二十个分类行业的建筑业，由以下四个大类组成：房屋建筑业、土木工程建筑业、建筑安装业、建筑装饰、装修和其他建筑业。建筑业的职能主要是对各种建筑材料和构件、机器设备等进行建筑安装活动，为国民经济建造生产性与非生产性固定资产。

本单元主要从设计工程师和泥瓦匠两个类型不同但又具有相关性的职业出发，了解作为城市建造者所需承担的责任。不论哪个职业，都需要担负起两个方面：一个是理想，一个是职业道德，职业道德尤为重要，建筑从业者的职业道德核心在于修养和责任，作为一个职业的从业人员，这两者共同在起作用。建筑是个高投入的行业，每个建筑建成后都要在世界上存在很长的时间，所以责任感对于建筑师来说是非常重要的。社会对建筑师的价值和行业的评价也出现了极大的变化。而这种变化必将促使建筑师不断提高自身的素养，除了艺术修养、文化修养之外，更应该提高责任心。

建筑从业者的首要职责是服务社会、以自己的一专之才满足社会的需求，而不是仅仅追求个人价值的实现。任何建筑都会对整个城市、对人们的生活环境带来影响。因此，建筑师的培养应使其充分尊重规划，认真分析项目所处的地域环境，了解地方文化，使建成的作品与环境、城市、区域、社会的文化相协调，这是对社会负有责任感的敬业态度，也是建筑从业者应有的素质。

第 4 课

蓝图规划：设计工程师

角色引语

设计工程师,是指受过专业教育或训练,以建筑设计为主要职业的人。建筑师通过与工程投资方(即通常所说的甲方)和施工方的合作,在技术、经济、功能和造型上实现建筑物的营造。

角色肖像

设计工程师主要进行施工图的设计。施工图包括:建筑平面→建筑屋面平面→建筑立面→建筑剖面图→建筑节点图、详图、门窗表→建筑结构图→建筑电气图→建筑给排水图。

主要涉及三种图纸。

1. 建筑平面图,是将新建建筑物或构筑物的墙、门窗、楼梯、地面及内部功能布局等建筑情况,以水平投影的方法和相应的图例组成的图纸。

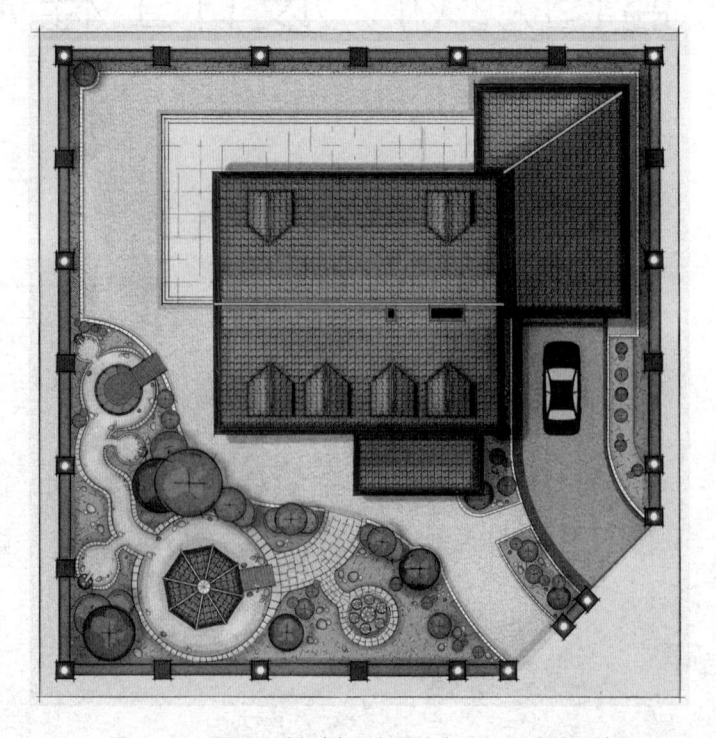

图 4-1 平面设计规划图(图片来源:视觉中国)

2. 建筑立面图，是指在与建筑物立面平行的铅垂投影面上所作的投影图，一般可表达建筑外部表现、建筑高度、各层高度等内容。

图 4-2　建筑立面图（图片来源：视觉中国）

3. 剖面图，指假想用一个或多个垂直于外墙轴线的铅垂剖切面，将房屋剖开所得的投影图。表示房屋内部的结构或构造形式、分层情况和各部位的联系、材料及其高度等。是与平、立面图相互配合的不可缺少的重要图样之一。

图 4-3　建筑剖面图（图片来源：视觉中国）

角色故事

　　乡村和城市不是一种对立关系，中国建筑师对于乡村的关注是一个动态的过程。

　　新世纪初，徐甜甜从美国回来主理自己的建筑设计事务所。当时国内正处在剧烈的城市化进程之中，她参与了很多城市文化建筑的项目，比如宋庄美术馆等。2014 年左右，一次偶然的机会，她被松阳县政府邀请去参加一个乡村项目。

　　从松阳开始，她对乡村有了一定的认识。"之前我根本不知道松阳这个地方，第一次接触乡村，有很多好奇的心态和想法，也被附近很多村子、景区邀请去担任顾问。"从此，她将自己的建筑目光从城市转向乡村。

　　徐甜甜曾给大木山茶园做过十几个公益设计。

　　据徐甜甜回忆，2018 年以前，有关中国乡村的现代建筑记录是相对比较少的。2018 年 1 月，中共中央、国务院印发《关于实施乡村振兴战略的意见》，对实施乡村振兴战略进行了全面部署。由此开始，越来越多的建筑师关注中国的乡村，把乡村作为重新思考自己建筑方式的一种介质。

传统的建筑设计大多是做一种独一无二的建筑手法表达，即关注形式、结构、造型、空间、材料等建筑本体的表达。然而，对于乡村来说，建筑的一枝独秀或许是一种"冒犯"。

徐甜甜表示，缙云石宕的设计目的并不是打造一个独一无二的艺术品，而是一种可拓展的设计机制，能够选取不同形态的采石场，形成一种设计上的有效策略，未来可以拓展、应用到其他的废弃石宕。在核心的设计概念之下，每个建筑可以根据自己所在的公共空间、在地文化，建立自己的独特性。

这对建筑师来说，是一次深远的学习过程。每一个乡村项目，前期都要经过长时间的酝酿。在缙云石宕正式开工前，徐甜甜及其团队和当地村民、社区及相关部门就经过了长达半年多的调研和开会讨论，反复沟通，最终共同协调出一个各方都满意的方案。

在当下中国乡村的语境中，跳出建筑学的束缚，进入一种模糊边界的社会介入，建筑可以有很多新的内容和表达。它不一定是以建筑的形式呈现，也有可能是室内景观、大地艺术，等等。

城市和乡村更不是一种对立关系，而是一个连贯的系统。从社会策略的角度介入乡村，不会造成对乡村的冲击，反而可能激发乡村资源和城市资源的流动和互补。

"我们在讨论乡村振兴时，绝对不可以把它从城市孤立，而应该考虑城市与乡村之间的统筹和联系。"[1] 建筑师徐甜甜说。

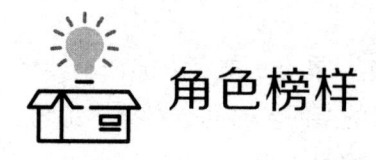

角色榜样

梁思成（1901—1972年），中国现代建筑的奠基人之一，著名建筑师、城市规划师、学者，对中国建筑事业的发展作出了卓越的贡献。

---

[1] 新周刊.建筑师徐甜甜：城市和乡村不是对立关系[EB/OL].(2023-02-25)[2024-08-12]. https://mp.weixin.qq.com/s/TcHEh_2QUcbfgBwgo4i5ag.

梁思成在家庭和学校中接受了深厚的人文教育，他在北京大学学习历史和艺术，后前往英国剑桥大学深造，主修建筑，深受欧洲现代主义建筑的影响。他将西方现代建筑和中国传统建筑相结合，提出了"中国的现代建筑应该建立在中国传统文化的基础之上"的观点，认为中国传统文化和建筑设计是中国建筑事业的灵魂。

梁思成回国后，开始着手研究中国传统建筑和城市规划。他先后在北京、南京、杭州等地进行了大量的实地考察和研究，撰写了许多关于中国传统建筑的著作，如《中国建筑史》等。他提倡"复古主义"，主张中国传统建筑作为中国文化的象征，应该得到保护和传承。他认为，保护传统文化是中国现代化的必要条件。

除了学术研究之外，梁思成还积极参与了中国的城市规划事业。他主持北京的历史街区保护工作，建立了中国第一个城市规划系。他还设计了许多具有中国特色的建筑，如北京军事博物馆、南京中山陵、上海大厦等，这些建筑体现了他的设计理念和建筑风格，成为中国现代建筑的经典之作。

梁思成一生为中国建筑事业作出了卓越的贡献，他的学说和设计对中国现代建筑的发展产生了深远的影响。他的成就不仅体现在建筑方面，还涉及文化、教育、社会、艺术等各个领域。他的成就和精神将继续激励后人，推动中国的建筑事业不断向前发展。

角色本领

室内设计师，是一种从事室内设计的专门工作，重点是把客人的需求转化成事实，其中着重沟通，了解客人的需求，在有限的空间、时间、科技、工艺、物料科学、成本等压力之下，创造出实用与美学并重的全新空间。

室内设计师主要进行装修图纸的设计。装修图纸是室内装修、改造的基础，它决定了房子大大小小的细节。在装修过程中，做方案、施工和验收都会和图纸打交道。设计图纸的多少并不取决于工程及居室面积的大小，也不是设计师或业主说了算，而是由装修项目的多少来定，其中一些常规图纸是必须要出具的，包括：原始建筑测量图、装饰设计平面图、天花吊顶布置图、地面材质图与配电图。

1. 原始建筑测量图

原始建筑测量图包括：

① 房间的具体尺寸、墙体厚度、层高；

② 房间梁柱位置尺寸、门窗洞口的尺寸位置；

③ 各项管井（上下水、煤气管道、空调暖管、进户电源）的位置、功能、尺寸等项目。

原始建筑测量图是一切设计图纸的基础，一般由设计师带队去现场测量。如果一开始的测量图纸出现偏差，此后的设计图纸和施工都会因此出现误差，导致整个工程无法正常进行。因此要重视原始建筑测量图的制作。

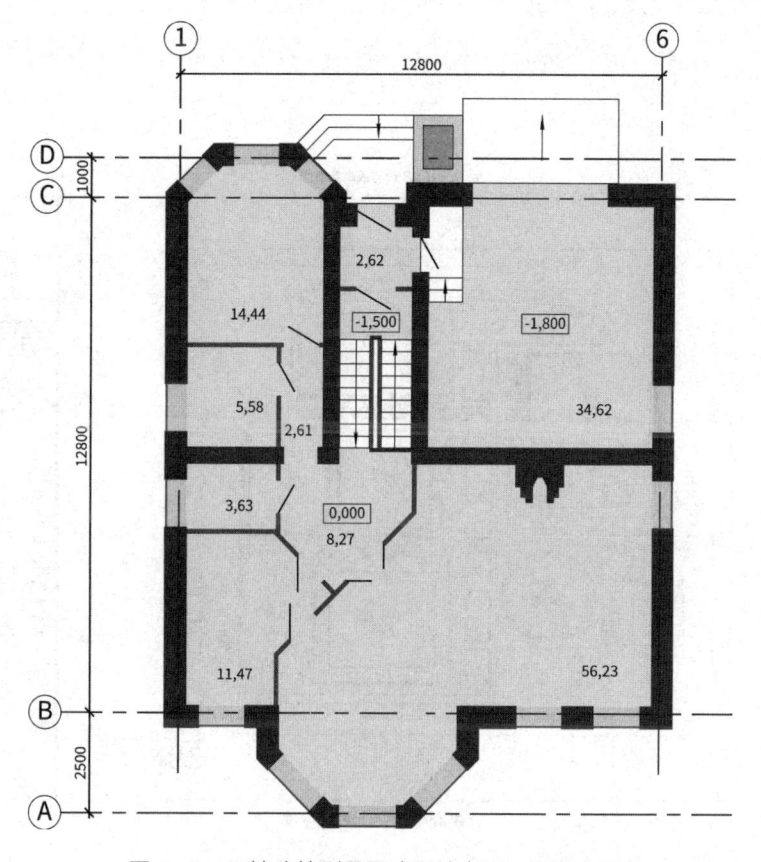

图 4-5 原始建筑测量图（图片来源：视觉中国）

2. 平面布置图

平面布置图中具备的内容十分多：

① 墙体定位尺寸，有结构柱、门窗处应注明宽度尺寸；

② 各区域名称要注全，如客厅、餐厅、休闲区等，房间名称要注全，如主卧、次卧、书房等；

③ 室内、外地面标高、墙体厚度应注明；

④ 如有楼梯，标明平面位置的安排、上下方向示意及梯级计算；

⑤ 门的开启方向；活动家具布置及盆景、雕塑、工艺品等的配置。

3. 天花吊顶布置图

天花吊顶布置图是天花吊顶装修项目中最重要的图纸之一。

它要求标明：

① 天花造型的尺寸定位、灯具位置及详图索引；

② 标注天花底面相对于本层地面建筑面层的高度，同时还要注全各房间的名称。

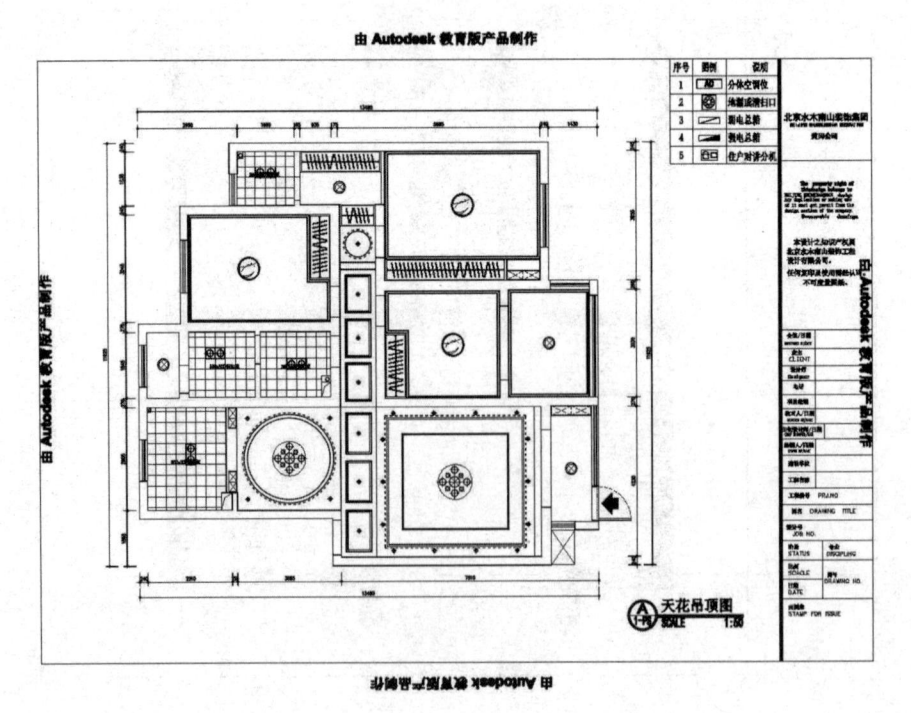

图 4-6　天花吊顶布置图（图片来源：百度图库）

4. 地面材质图

地面材质图，顾名思义是关于地面材质的所有内容的。

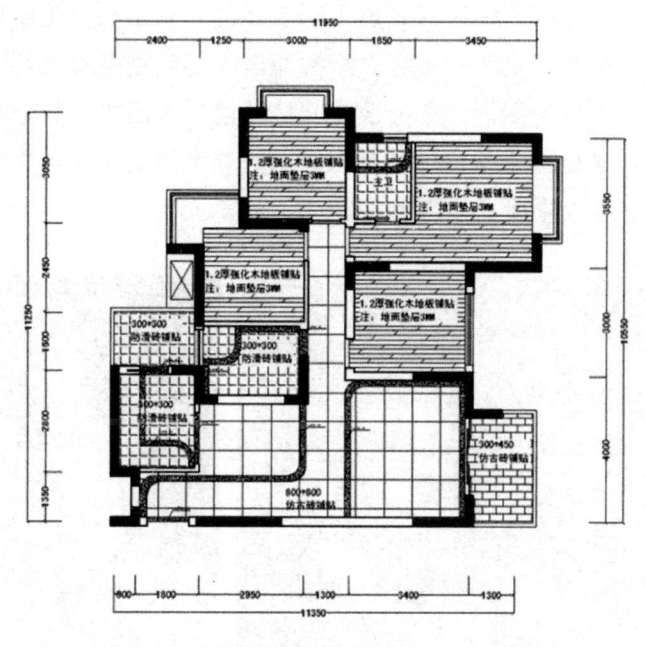

图 4-7 地面材质图（图片来源：百度图库）

它要求标明：

① 需要铺设的地面材料种类；

② 地面拼花、材料尺寸及不同材料分界线。

专业推荐

软件推荐：CAD，Visio，sketchUP，LIVEHOME3D。

书籍推荐：《住宅设计解剖书》。

角色实践

活动一：搭建纸桥

纸桥，顾名思义，就是用纸做的桥，其中的科技含量、知识密度以及对材料的性能认识特别高。纸桥形式各异，常见的纸桥结构多采用复合截面，造型上多采用三角形、矩形、梯形、拱形、卒形等。

在施压过程中，桥的破坏样式是多种多样的，有结构点受压破坏、纸带受拉破坏、杆件受弯破坏及其他破坏。纸桥原理就是利用各种锥形、三角形、圆柱以及一些承重力好的图形，来分散或间接抵消外来压力。从承重的大小可以看出一个结构形式是否合理，桥的各构件的协调是否到位。小小的纸桥能够承受上百公斤的重量，体现了结构和力学的完美结合。

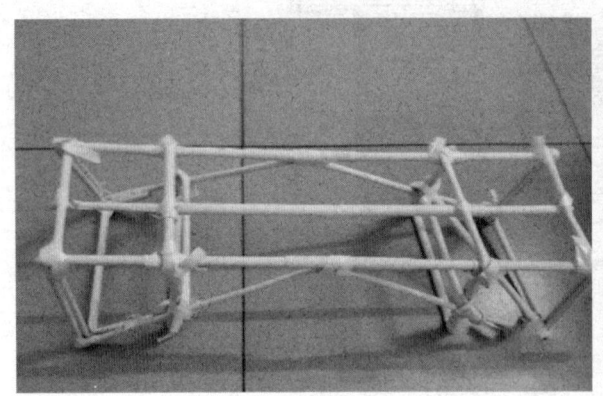

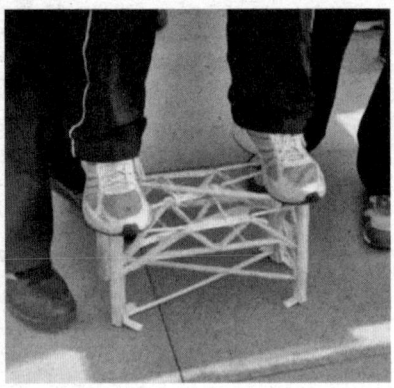

图4-8 纸桥（图片由学校提供）

承重纸桥的做法：

1. 首先，把白纸卷成一个个纸棒，用胶水把纸粘成的棍棒固定在一起，注意纸棒越结实承重能力会越好。

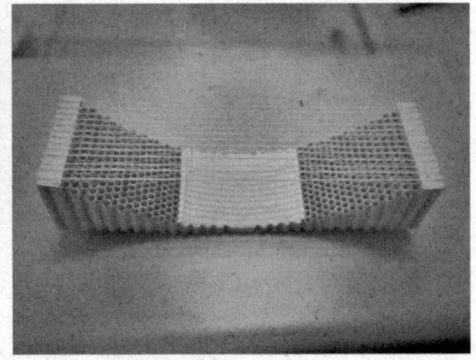

图4-9 制作承重纸桥（图片由学校提供）

2. 当白纸卷成的纸棒到一定数量的，比如 25 根以后可以开始搭建纸桥，要设计好纸桥的样子，量好承重的尺寸。

3. 先用双面胶在桥面两边各用两根，一共四根纸棒连起来，再分别用八根纸棒做桥墩，用六根纸棒做桥面连接点的支撑点，用五根纸棒做桥面，都用双面胶粘好。

活动二：为下面的图纸设计规划功能区职能

房屋基本信息：农村自建房两层楼

提示：划分应以人为本。别墅的功能设计不仅取决于业主的喜好，也取决于业主的使用目的。如果是日常生活，首先要考虑日常生活的功能，不要太艺术化、乡村化，多考虑实用功能。如果只是为了度假，它可以相对多元化。在平面功能分区中，可能有健身房、娱乐室、洽谈室，客厅也可能有主、次、小客厅等。

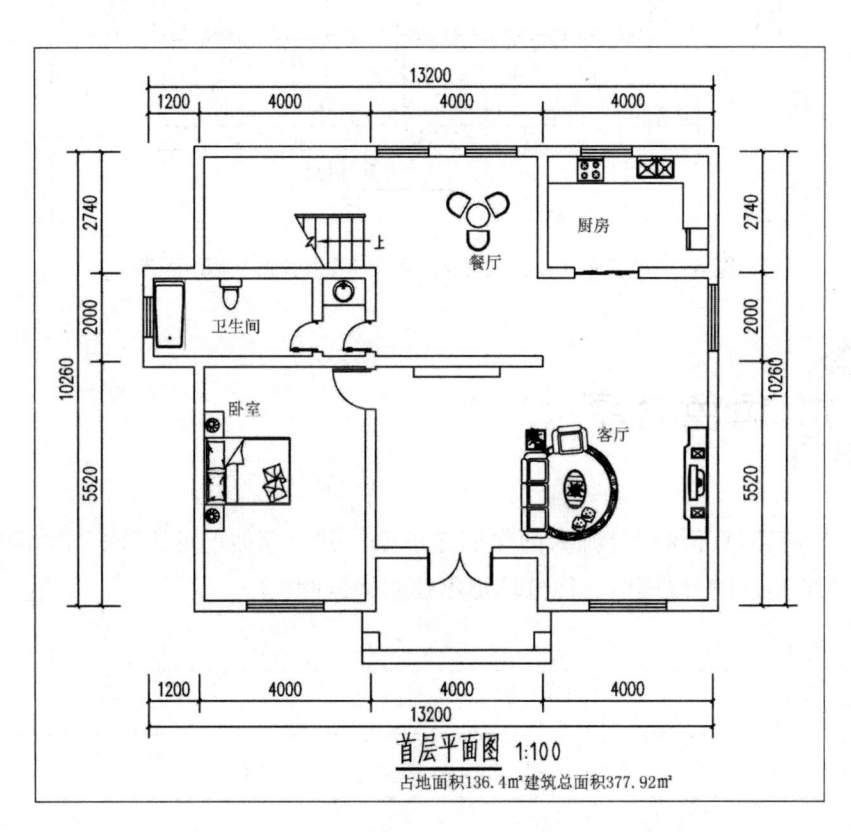

图 4-10 农家小院一层设计示例图（图片来源：百度图库）

范例

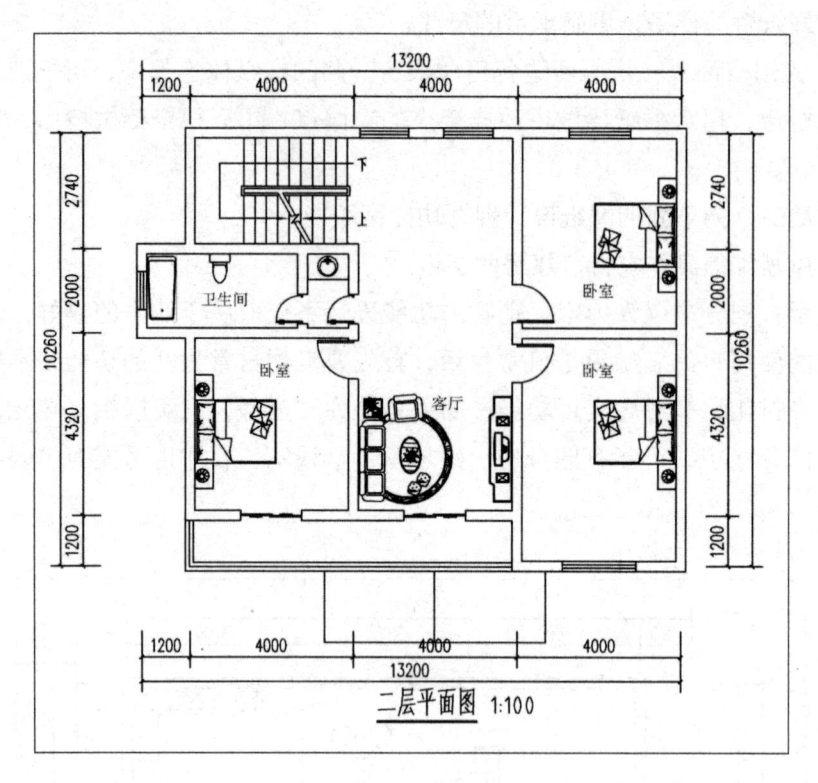

图 4-11　农家小院二层设计示例图（图片来源：百度图库）

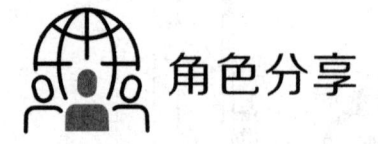

角色分享

学校将邀请建筑设计师为同学们作讲座，并分享他们的工作日常和职业特点，其中有互动交流环节，你打算提出哪些问题呢？

问题 1：_____

回答：_____

_____

_____

问题 2：_____

回答：_____

_____

_____

问题 3：_____

回答：_____

_____

_____

角色回顾

1. 以下哪项工作是建筑设计师的职责？（　　）

    A. 搬运工程材料

    B. 配电线路布置

    C. 制定建筑设计方案

    D. 安装屋顶太阳能板

2. 建筑设计师需要具备哪种技能？（　　）

    A. 制图和草图技能

    B. 文学功底

    C. 物理知识

    D. 生物学知识

3. 在建筑设计中，以下哪项是非常重要的质量保证？（　　）

    A. 建筑材料的来源

B. 设计方案的美观

C. 工人的技能水平

D. 施工周期的快速

4. 在建筑设计时，如何考虑环保和可持续发展因素？

回答：_____

_____

_____

5. 你认为建筑设计师需要与哪些相关职业和领域紧密协作？

回答：_____

_____

_____

第 5 课

一砖一瓦：泥瓦工

角色引语

泥瓦匠，简单来说就是从事砌砖、盖瓦、桥梁、铁路、公路等建设工作的建筑工人。泥瓦匠是一种历史相当悠久的工种。

泥瓦匠要求在进行如砌砖、抹墙等作业时做到横平竖直。横平竖直是泥瓦匠最基本的从业要求。

角色肖像

泥瓦匠一般被称做师傅。以前乡下的泥瓦匠师傅同卖货郎一样走东家串西家，看哪家要建房或翻修房子和土方，一般来说，农村冬季的建筑生意比较旺盛，因为迎亲嫁娶的和有余钱的人家几乎都集中在这个时间建新房，一直要旺到次年春季。东家一般是挑一个吉利日，叫泥瓦匠师傅挑着工具担子上门开工，

图 5-1 砌墙（图片来源：视觉中国）

吃住在东家，做完一家的泥水活，至少得花上个把星期甚至更长的时间。至于旧时的乡村泥瓦匠，不论是盖土坯房、砖瓦房，甚至个别人家盖的小楼洋房，也不会像今天这样去请专家学者或者测工搞论证和测量，其建筑队伍更不是建筑公司，顶多是十里八乡临时凑到一起的泥瓦匠外加几个力工，在几声鞭炮声中便开始了建筑施工。用的都是当地的木石水土，泥瓦匠们把泥和得越均匀越好，缝抹得越平越光越好。当地人一般称之为"泥水匠"。

唐代大文学家韩愈曾经为一位生活在社会最底层的人写过一篇传记，题目是《圬者王承福传》。所谓"圬者"，即泥瓦匠。在韩愈眼里，这个名叫王承福的泥瓦匠工作卑贱而又劳苦，然而看看王承福的神色，似乎悠然自得，这使韩愈有些不解。通过与王承福接触，他发现王承福说的话简洁而有道理，甚至充满哲理，于是欣然为其作传。

王承福说："夫镘易能，可力焉。又诚有功，取其直，虽劳无愧，吾心安焉。"意思是说，泥瓦匠这项工作是简单的技能，只要肯花力气就能做好。一旦做出了成绩，就能拿到报酬，虽然劳苦，却没有什么可惭愧的，我心里是安稳的。

王承福这一席话道出了他悠然自得的原因。他接下来讲的一段话，更令韩愈感慨万千。王承福说，他曾多次到富贵人家做工，有到过一次的，有到过两三次的，后来再次路过那里时，发现宅院变成了废墟。问问他们的邻居，邻居说："哎，因犯法而被杀了。"于是王承福认为，明知不应该干而硬要去干，贪图不义之财而忘记道义的人，不仅富贵难以守住，而且还会因此丢掉性命。

韩愈认为王承福是"所谓独善其身者也"，他肯定了王承福的话，并对"薄功而后飨""贪邪而亡道"的社会现象进行了严厉批判。同时，韩愈意识到自己也是一名官员，王承福的话对他也有警示意义，所以他给王承福立传，自己引以为鉴。[①]

角色故事

陈红伟是个70后，来自丽水市缙云县白岩村，在当地从事砌筑行业已有

[①] 思远斋·第1209期·[寄畅园] 匠人哲语[EB/OL]．(2020-09-08)[2024-08-05]．https://mp.weixin.qq.com/s/Wkz8_UIl9_eMZNiekWJ59Q.

20余年。2020年，陈红伟参加"浙江技能大赛"砌筑项目比赛，取得第三名的好成绩，并荣获"浙江省技术能手"称号。

近日，陈红伟凭借这项省级荣誉，被评定为缙云县"E类高层次人才"，享受6万元人才津贴和50万元购房补贴。

2018年，陈红伟被缙云县人社局推荐，参加丽水市首届"绿谷工匠"技能竞赛——泥瓦工竞赛，取得第一名的好成绩，并获"丽水市首席技师"称号。

2020年，陈红伟又受邀参加"浙江技能大赛"，在砌筑项目比赛中，与众多来自职业院校的科班选手同台竞技，凭借扎实过硬的砌筑功底，最终，在正式比赛中，以优异的表现排名第三，荣获"浙江省技术能手"称号。

如今，陈红伟被评上了"高层次人才"，被村里人称为"状元郎"。"家人和村里人都挺为我自豪，努力了这么久，能得到大家的认可我很欣慰。"[1]

角色榜样

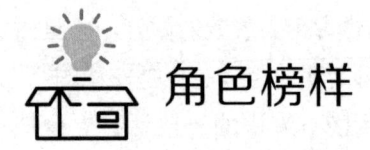

"砌"出来的"大国工匠"——邹彬

从小山村到人民大会堂有多远？

从泥瓦匠到大国工匠有多远？

"95后"小伙邹彬有答案。

人物介绍

全国人大代表、第25届"中国青年五四奖章"获得者、第43届世界技能大赛砌筑项目优胜奖获得者、中建五局总承包公司项目质量总监、"邹彬劳模和工匠人才创新工作室"组长……一个个关键词勾勒出邹彬的精彩人生。

主要成就

十三届全国人大四次会议"代表通道"上，邹彬讲述了自己的成长故事。

出生在湖南新化县的一个小山村，邹彬初中毕业后就跟着父母到建筑工地打工，搅砂浆、搬砖头、砌墙，苦活脏活都不挑。

---

[1] 央视新闻.泥瓦工陈师傅，获购房补贴50万元！[EB/OL].(2022-05-27)[2024-08-12].https://mp.weixin.qq.com/s/cXzblqgEtXPj0sGcyPiceQ.

工地的条件大多不好，他曾经住过在建毛坯房的地下室，地面积水漫过脚面，只好用钢管搭个架子，铺块木板便是床。刚入行时，常被工友们笑"傻气"，因为当时工地上实行计量发薪水，砌墙越多工钱越多，但只要砌得不美观，他就推倒重砌。

"一定要坚持自己的标准，才过得了心里那一关"——"工匠精神"在邹彬身上淋漓尽致地体现着。

2015年，靠着长期练就的砌墙绝活，邹彬被中建五局推荐参加第43届世界技能大赛，在比赛中，他全力以赴，一路过关斩将，拿到砌筑项目优胜奖，实现了中国在这一奖项上零的突破。

"为国出征，吃再多苦我也不怕！"回忆备战的日子，由于读书少，他对几何知识、图形测算几乎无法理解，直接影响了作品效果。经过8个月的反复训练、强化理论知识后，他终于能精确计算出各种图形数据。

安全帽、灰工上衣，笔直的西裤，黑亮的皮鞋，手握一把检测尺……如今的邹彬，看上去特别专业、有精神。他被中建五局总承包公司聘为项目质量管理员，成立了"小砌匠"创新工作室。2018年，邹彬当选全国人大代表，是湖南代表团中最年轻的一员。能够登上世界技能大赛的舞台，成为全国人大代表，他深深地感恩这个时代，"工匠精神"得以崇尚，"我也因此可以为更多和我一样的人发声"。

"我要为建筑工人代言。"他说，如今的建筑工人不再是古老的"泥瓦匠"，不是过去的"农民工"，而应该是新型建筑产业工人。

"小砌匠"拥抱了大时代，邹彬多了几分成熟。外出开会、接受采访，他会穿着衬衫、西裤和皮鞋。但他最喜欢的，还是穿着劳保鞋，在工地里转。①

§ **请阅读文章后回答下面的问题。**

1. 通过对邹彬相关资料的学习，你认为他有哪些劳动品质值得学习？

_____

_____

---

① 新华视点."砌"出来的"大国工匠"——"95后"邹彬代表的成长故事 | 两会人物 [EB/OL].（2021-03-09）[2024-08-12]. https://mp.weixin.qq.com/s/9rsH2AK_bfviHuuUURwXOA.

角色担当：身边的劳动者

2. 如果你希望将来成为一名"大国工匠"，你觉得高中阶段需要做哪些准备？

角色本领

瓦工最早其实就是在屋面上安装瓦片的工人，后来瓦工跟泥工混合在一起，统称为泥瓦工。所以现在瓦工的工作范围是很广的。

在家庭装修中，瓦工所负责的内容主要有以下几个方面：

1. 结构改造：结构改造包括对居室内墙体、阳台、门窗等的拆改。居室内的承重墙或配重墙是不能够拆改的，否则会使居室内的结构不稳固，易引发安全事故。门框嵌在混凝土中也不能够进行拆改，会破坏建筑的整体结构。居室内的横梁也是不能够拆改的，拆了会使上层的建筑失去支撑力，从而发生坍塌的现象。

2. 隐蔽工程：水电、防水等都属于居室内的隐蔽工程，在施工时水电的管线走向要正确，水管线路在埋设时不能够切断墙体中的钢筋，防水工程若不做好则易发生居室渗漏、潮湿等现象。防水工程在施工前要先进行基层处理，将泥土清理干净，然后再铺贴防水材料，待防水工程做好后，还要进行试水实验。

图 5-2 隐蔽工程施工（图片来源：百度图库）

3. 地面找平：地面找平即通过原始平面的找平，让装修后的地面的平整度达到一定的标准。地面找平一般有机器研磨加石膏找平、水泥砂浆找平、自流平找平三种方式。机器研磨加石膏找平适用于任何时间内的居室内空间的地面找平，水泥砂浆找平及自流平找平必须在厨房和卫生间墙地砖铺贴完工以后和在处理墙面的中间进行。

图 5-3 地面找平施工（图片来源：百度图库）

4. 瓷砖铺贴：瓷砖铺贴是美化居室必不可少的一部分，亦是泥瓦工施工工程中的最后一步。瓷砖铺贴要注意在正式的铺贴前将瓷砖用水浸泡半个小时，铺贴时应先确定好第一块瓷砖的位置，水泥沙要均匀涂抹在瓷砖的背面，以免造成瓷砖铺贴出现脱落空鼓等现象。

图 5-4　瓷砖铺贴施工（图片来源：百度图库）

角色实践

"瓦匠工职业生活体验"社会实践活动方案

一、指导思想和意义

将研究性学习与社会实践相结合，要求学生走出校园、走向社会，自己尝试解决研究的社会问题，使学生开阔视野、启迪心智，培养学生的社会责任感、创新精神和实践能力。

二、活动时间和地点

由劳动课老师和班主任商量后决定。

三、参加人员

全班同学。

四、活动目的

以学生为主体，以"受教育，长才干，作贡献"为核心，根据青少年成长特点，以培养青少年审美能力、观察能力、动手能力和创新精神为目标，通过开展多层次、多形式的社会实践活动，使青少年了解生活、认识世界、丰富体验，学会基本的生活技能，成为生活的主人；培养学生热爱劳动、尊重他人劳动的意识，树立正确的劳动观；引导学生亲近自然，培养对自然的兴趣，养成热爱自然、保护环境的情感态度和价值观；使学生在与人沟通交流的过程中，接触社会、了解社会、适应社会，培养适应群体、乐于合作、帮助他人的良好习惯与能力。

五、活动准备

1. 佩戴正确的劳动防护用品，穿戴整齐后再进入操作岗位，并提前注意施工环境的安全性。

2. 当墙身砌体超过1.2米时，应搭建脚手架；高度在1.2—4米之间；应设置挡脚板和防护栏杆。当高度超过4米时，应在脚手架上加一道固定安全网，同时再加一道可随高度提升的移动安全网。

3. 当作业环境为竖直面上下交叉时，在下方应该戴好安全帽，设置好安全隔板，防止上方人员在作业过程中掉落杂物等。

六、活动过程

1. 在施工时，应先将墙体表面进行基本的处理，随后挂网、喷浆、制作灰饼，再刮底糙，最后将纤维网格布压在表面。

2. 按照规定的尺寸制作灰饼，并保证整个房间的方正性，墙角要保持垂直或者水平，门框则要求保持方正和垂直，门顶也要保持抄平，最后才能按照规定的尺寸对它们进行粉刷。同时，注意厨房和卫生间墙体表面搓细毛压光完成后，再一次用刷子在纵向方向上刷毛。

3. 注意控制墙面水分，每一层的砂浆粉刷都需要先进行打底，然后再进行粉刷，而且层与层之间的粉刷厚度不能太厚，用料应抹匀、抹平。

4. 粉刷时，应提前将墙面浇水进行湿润，并且刮好底糙，这些步骤建议至少提前一天进行。在刮底糙的时候应注意保证整个墙体的平整度，并做好满墙铺设，做好整个墙体的养护工作。

5. 施工用料应严格按照要求来，精确其配比质量，避免因用料配比不精准而产生施工质量不佳的问题。不同品种的用料不能混在一起使用，施工完成后要注意及时将散落的泥浆和水泥灰等材料清理干净，避免产生浪费和污染。

6.在墙体内含有保温砂浆的贴砖公共部位，应铺满钢丝网，提高整个墙体的耐热程度。

七、活动展示

1.将照片打印出来，配上文字进行解说，贴在A4纸上。

2.学生写好小组合作感受和体验感受，誊写在A4纸上。

3.将班级活动计划、小组活动计划、学生活动成果装订成册。上交学校政教室或是教研室。

角色反思

岗位模拟的过程中会遇到许多意想不到的情况。经过瓦匠工的专业指导，我们可以逐渐熟练起来，并取得一定的进步。在模拟过程中哪些地方是我们做得不错的呢？哪些地方还需要继续进步呢？反思交流，肯定自我的成长，认识到自身的不足，帮助自己更好进步吧。

表5-1 岗位模拟评价表

主 体	评价内容	评价标准
自我评价	1.认真工作，热情大方	☆ ☆ ☆ ☆ ☆
	2.吃苦耐劳，勇于担当	☆ ☆ ☆ ☆ ☆
	3.积极主动，大胆尝试	☆ ☆ ☆ ☆ ☆
同伴评价	1.认真工作，热情大方	☆ ☆ ☆ ☆ ☆
	2.吃苦耐劳，勇于担当	☆ ☆ ☆ ☆ ☆
	3.积极主动，大胆尝试	☆ ☆ ☆ ☆ ☆

续　表

建筑工作者评价	1. 认真工作，热情大方	☆ ☆ ☆ ☆ ☆
	2. 吃苦耐劳，勇于担当	☆ ☆ ☆ ☆ ☆
	3. 积极主动，大胆尝试	☆ ☆ ☆ ☆ ☆
我的优点		
我的不足		
基层劳动者评价		
我们的实践收获与感想		

角色回顾

1. 工程施工作业人员要刻苦钻研技术，熟练掌握本工种的（　　）。

　　A. 工程质量标准　　　　B. 基本施工技能

　　C. 设计理论知识　　　　D. 材料分类知识

2. 工程管理人员要具备（　　），坚持真理的优良品德。

　　A. 艰苦奋斗　　　　　　B. 严谨求实

　　C. 勤俭节约　　　　　　D. 勤奋好学

3. 建筑业职工文明守则，要求职工做到八要，（　　）。

  A. 七不要　　　　　　　　B. 八不准

  C. 十遵守　　　　　　　　D. 五坚持

4. 建筑业热忱为业主服务，努力建设业主（　　）。

  A. 为节约造价擅自修改的工程

  B. 满意的工程

  C. 破坏环境影响生态的工程

  D. 不能提供安全施工条件的工程

5. 建筑工程"百年大计，质量第一"，一切都要为用户负责。施工时，在原材料使用和设备安装上，不以次充好，（　　）。

  A. 不受贿索贿　　　　　　B. 不偷工减料

  C. 不贪图虚名　　　　　　D. 不朝三暮四

第四单元

虚拟专家——网络建设者

从原始的面对面交流，到电话的发明，到90年代兴起的聊天室，再到视频聊天的出现，技术的进步使人与人可以跨越空间、时间相互交流。网络的兴起不仅带来交流的便利，信息的存储、转换、提取，工作、学习与生活均离不开网络。整个网络与我们息息相关，而在这个虚拟世界中，承担构建、维护、修复、拓展的人，我们称之为网络建设者，他们是网络世界的基石，是网络文明的象征。

网络建设者的工作范围广泛，从设计网站内容，到开发网络系统，到确保互联网的安全和流畅运行，都能看见他们的身影。他们是构建网络基础设施的关键人员，利用自己的技术与工具，如编程语言和开发框架，为创建复杂的网络系统提供支持。

本单元介绍了网络工程师与程序员的工作性质与工作内容，给出了优秀的榜样与范例，旨在让学生了解这个行业并能有初步的行业体验，同时学会该行业的一项技能。

　　我们希望通过这个单元的学习，激发学生对培养网络技术的兴趣，培养学生的科学技术素养，为他们未来的学习和职业生涯打下坚实的基础。

第 6 课
信息卫士：网络工程师

角色引语

自 20 世纪 60 年代以来，信息技术悄悄地发芽酝酿，如今信息洪流已然冲击着我们的日常生活，使我们享受着信息技术带来的巨大便利，而这一切变革的背后是有人不断发挥聪明才智，一步步推动技术的革新与发展，这些人，我们称其为信息卫士——网络工程师。他们维护着网络的健康，肩负着我们信息的安全，是维持信息社会正常运转的中坚力量。

角色肖像

图 6-1 网络工程师维护系统（图片来源：视觉中国）

"在家家户户欢度春节时，可能一线技术团队接到一个紧急电话，就要背起双肩包、带着设备紧急奔赴各地，为他们排查一个个突发网络安全事件。"今年已经是绿盟科技团队网络安全工程师刘钟第五年参加春节值班了，这段时间他和团队成员几乎"7×24"小时在线应急，实时监测各类网络攻击、排查电信诈骗风险。

近年来，随着互联网技术的不断发展，互联网在人们日常生活中的普及率越来越高，春节期间全国网友几乎都"指尖很忙"。然而，就在大家忙着在移动端抢红包、发收祝福短信、网上拜年时，却有这么一群互联网从业者昼夜不休地坚守一线，保证大家能过一个"安全年"。

作为一家互联网领域的网络安全创业平台，刘钟所在的技术团队每年春节期间都会建立多级应急保障体系。"每当出现高危漏洞时，我们都会由预警团队紧急发布漏洞威胁通告，各地技术人员根据通告里的细节描述告知用户排查、整改。"刘钟说。

比如，今年春节期间，刘钟等网络安全工程师发现某地一家企事业单位网站有被植入非法博彩黑链的风险。经过他们的细心排查，敏锐地觉察出这不是一起简单的个别安全事件，很可能是一起大范围内的网络攻击。"我们连夜分析漏洞成因、解决方案，并紧急启动应急响应预案，成功帮助上百家企事业单位解决了安全风险，让这些机构的网站恢复正常运行。"

如今，在物联网、人工智能等新兴技术不断发展的同时，伴生的网络安全威胁也日益增多。"近年来，《中华人民共和国网络安全法》颁布并实施，《信息安全技术网络安全等级保护基本要求》等网络安全等级保护制度2.0系列相继落地，不断推动网络安全行业的多维度发展。作为一名互联网从业者，自己也很欣慰所在团队能协助各级企事业单位识别安全风险、做好态势感知，携手共筑网络安全防线。"

正是这些网络安全工程师们扛下了维护网络安全的重担，才保证大家能安全地度过网络生活的每一日。互联网安全虽不同于人身安全，但同样非常重要，隐私的泄露和网络诈骗都可能会产生严重的后果，危及每个家庭。这些工程师们解决了一个又一个漏洞、阻止了一次又一次诈骗，所以，不论发生什么，我们都要相信，我们的平安生活一直都有人在守护，因为，信息卫士，一直都在！

网络工程师在我们的日常生活中发挥着不可或缺的重要作用。他们平凡又伟大，帮助我们安装网络，构建基站，保持网络畅通与安全。正是因为有了他们，我们的信息交互才有了保障，我们的生活才能更加美好。

观察生活中网络工程师的各种工作场景,回答下面的问题。

图 6-2　网络工程师在弱电施工现场和入户安装现场(图片来源:百度图库)

1. 请描述你在生活中接触到的网络工程师的工作场面。

_____

_____

_____

_____

2. 你觉得网络工程师工作的优点和不足是什么?

_____

_____

_____

_____

3. 如果你希望将来成为一名网络工程师，你觉得高中阶段需要做哪些准备？

_____

_____

_____

资料卡片

网络工程师的工作内容

网络工程师主要从事网络设计、建设、运行和维护等相关的工作。具体有以下几点：

1. 负责网络的设计，例如为一家企业设计一张网络。这个要求相对而言较高，需要根据客户的需求去设计，设计时候要考虑到建设成本、网络的可靠性、网络的扩展性、网络的维护性等，这一般是网络架构师的工作；

2. 负责网络的新建，包括设备发货、设备入场、设备硬件安装、设备连线、设备上电、设备调试等内容。一般情况下，PM 负责设备发货、协调项目；现网工程师负责设备安装、设备上电、设备连线；网络工程师负责设备的调试，确保网络的连通性；

3. 负责方案的设计，主要是根据客户的需求对现网进行网络配置优化、业务割接等操作，这里需要写变更方案，然后根据方案施行现网的实施，也就是割接；

4. 日常的网络割接，主要解决客户的需求或者网络的优化；

5. 日常的维护工作，确保现网的高可靠运行以及故障及时处理；

6. 日常的网络巡检，主动发现现网的问题，解决问题；

7. 对现网的学习，主要包括熟悉现网的网络拓扑、现网的业务梳理、配置学习等；

8. 客户现网故障的处理，当现网发生业务故障时，快速定位问题，第一时间恢复；

9. 设备版本、补丁的升级，主要由于设备的版本可能存在bug，需要升级到新版本。

角色故事

网络工程师的工作日常是什么样的？

9月的一个清晨，不到6点钟，手机响了。

从领导懒洋洋的口气中得知，某某小区的网络又第N次掉线，要我马上过去，看来他也是刚接到通知。

为什么他不去？

为什么我要去？

为什么我没关手机？

唉！没办法，谁让我是个网络工程师呢？

6:30 洗漱完毕，骑着共享单车赶去地铁站了。

7:00 到达"事发现场"。已有几个哥们在那等着了，听说是昨天晚上就开始出现了频繁掉线的现象，该小区网络的核心层采用的是思科三层交换机，而我们老板为了节约成本，级联全部采用的是杂牌的二层交换机，这可能也是网络频繁出现故障的原因之一。

几个同事商量以后决定先到Windows 2000服务器上看看防火墙的日志，发现没有病毒的迹象，为了保险起见，我又用Ghost做的镜像盘把服务器的系统恢复了一遍，问题依旧没有解决，看来问题出在硬件上。来到交换机前，回忆着以前学过的知识，忽然想起在思科的教材中曾看过这样的案例，所以，按照书上所讲的步骤，成功解决了问题。

看来，平时多读读书还是非常有用的，当然上面的知识也不能死记硬背，要活学活用，触类旁通，更重要的是要在实际工作中去掌握。这又一次让我深刻地领悟到"实践是检验真理的唯一标准"。

10:15　吃了碗牛肉面，回到办公室，打开邮箱收取客户发来的邮件，多半是推销产品的信息。这时领导带着少有的慈善目光出现在我面前："小黄，由于方案组那边两个同事一个病了，一个今天休息，所以今天这个方案就由你来做，明天给我。"

我狂晕，无奈只好打开Visio2000（注：Visio 2000是面向企业应用的信息可视化软件，可用作专业的办公室画图工具。是工程设计人员的首选工具。）幸好我以前学过，要不今天真不知怎么应付。

从领导手中拿到材料，先通篇浏览了一遍，发现有几个地方看不懂，便到网上搜索。

在这样一个瞬息万变的社会，我们不可能什么知识都掌握。重要的是要掌握解决问题的方法，要有迅速学习的能力，特别在IT圈子里这一点是非常重要的，这是我工作三年的经验之谈。

11:30　终于把方案所需的资料备齐，继续处理收到的邮件并回信。

其实查看产品信息也是一个学习的过程，你可以从中了解到市场上流行什么、需要什么、产品的价格等，所以碰到这类邮件，有时间的话还是看看好。

14:00　午休结束，项目经理通知大家：由于新接到一个KTV改造工程，下午到小会议室开会。

是不是有点意外？网络工程师工作范围很广，不限于大家所熟知的思科、微软等一些厂商认证的内容，还要掌握诸如KTV改造、无盘工作站、安全防护等一系列的知识，而这些是在书本上学不到的。

一般公司的项目会议会先让大家说说自己上周完成的工作，本周计划完成的工作，还有没有什么遗留问题没解决。因为平常都是各忙各的，所以新进公司的员工可以趁这个机会跟大家沟通，这些内容一般半个小时就结束了。最后，就是给新上的项目分配人手了。

一般一个项目从上至下会经过以下几个步骤：项目经理→方案设计员→网络工程师→现场监理→施工人员。

给大家科普一下各项目人员的具体工作：

项目经理主要是做整个工程的人员分配、工程进度的把握，有的公司的项目经理还肩负着谈单子的任务。

方案设计员主要负责到现场去勘测测量，回来后要按项目经理的要求，与网络工程师沟通，共同设计方案和标书，这个职位有承上启下的作用，非常重要。

网络工程师主要的工作是协助方案设计员设计方案，并按照方案设计调试一些高端的设备，指导下一级人员施工。

现场监理，说得通俗一点就是施工队的队长，主要工作是严格按照各种规范来组织施工，保证施工过程中不会出现重大错误。

施工人员是整个项目中最基础的一级，需要掌握基本的综合布线等相关知识，新手一般都是从这个职位做起，等熟悉现场后就可以做到现场监理。

如果自己再有了一定的技术实力就可以做网络工程师了，在这个过程中，你的现场指挥应变能力，跟厂方的沟通能力都能得到锻炼，所以不要小看了那些基层工作哟！

很多公司为了节约成本，项目经理和方案设计员的工作也都由网络工程师来做，所以，一个合格的网络工程师除了技术过硬外，还要了解市场上的行情、产品的报价、会用 Visio 等工具做方案。

对于新入行的朋友来说，我们可以参照上面的介绍看看自己适合做哪一个职位，对于入行不久的朋友也可以清楚地了解各个职位具体负责的工作，以便对自己的职业生涯有个清晰的规划。

15:00　会议开完，我又回到了办公桌前继续完成我的方案。

17:00　公司照常会请厂家的工作人员来为我们培训，主要的内容是有关 Linux 和防火墙的。最近这两种技术在市场上很火，公司决定投一部分资金在上面培养相关人才。

IT 业就是这样，新技术不断出现，作为 IT 人，尤其是网络工程师，要不断地给自己充电，只有这样才能保证不被淘汰掉，不然比程序员的 35+ 危机还惨。

不过还好，我目前还没感受到太大的危机，因为我一直在学，还是挺有意思的，不觉得枯燥。我侄女就常说学习枯燥，但我从不这么觉得。

19:00　培训终于完了，俺回到家中吃完晚饭小歇一会，继续做没有完成的方案，接着把今天的培训内容复习一遍，因为培训内容到月底是要考试的，而且跟奖金挂钩。

23:00　完成了所有工作，蹲了几个网络工程师的群聊，看看有没有大佬发言，顺便把自己工作时遇到的问题也分享给群友，大家一起讨论一下，偶尔会有一些新的思维火花。

除此之外，我还会在各大论坛里面"灌水"，然后再打几把"荣耀"放松放松。这算是我一天里最轻松的时间了，我把这个当做我的"奖励"，毕竟搞网络费脑，要劳逸结合。

24:00　熄灯睡觉，希望能睡到天亮，吃一顿丰盛的早餐。

这就是我，一个网络工程师的一天。

在很多朋友亲戚的眼中，网络工程师似乎都过着不错的生活，和程序员差不多，高薪体面又不费劲，殊不知这一行业背后的艰辛和付出的汗水。

希望我的描述能让大家更直观、准确地了解网络工程师这一职业，也能了解到学习这个技能，对于网络工程师而言到底有多重要和可贵。[1]

§ **请阅读文章后回答下面的问题。**

关于网络工程师这个职业我的想法是什么？

_____
_____
_____
_____
_____
_____。

角色榜样

他叫卢嘉明，是东莞港务集团5.6号码头的一名IT网络工程师，也是一名

---

[1] 网络工程师俱乐部.一枚中级网络工程师的工作日常，能引起多少同行的共鸣啊.[EB/OL].（2021-09-24）[2024-08-12].https://mp.weixin.qq.com/s/zjFCKQMo0Hol9Q9iqP3PZA.

甘于埋头苦干、默默奉献的共产党员。入职以来，他始终秉持着诚信担当的精神，兢兢业业做好本职工作，并不断加强学习、提升自我，追求突破创新，曾多次获得5.6号码头"服务之星"称号。

2014年7月，卢嘉明怀揣着对梦想的美好憧憬加入到5.6号码头大家庭，成为一名网络工程师，负责公司网络及硬件设备维护工作。入职以后，为了能够快速融入工作团队，为公司提供可靠的IT运维保障，他紧密结合操作理论与公司实际，制定了设备维护方案，保证公司网络安全畅通。在日常的工作中，他一丝不苟，为保证码头操作系统高效运行，总是在上班的第一时间到码头主机房检查三十余台服务器是否正常工作，保障码头各作业环节流转顺畅。

敢于担当才能赢得尊重，乐于付出才能有所收获。他坚持以码头的正常运转为己任，立志以实际行动肩负起一个共产党员应有的担当。10月的一个深夜，在家中休息的卢嘉明突然接到同事的电话，码头现场龙门吊的网络终端无法使用，影响现场的正常工作。他不顾时间已是深夜，立马赶回公司，抓紧时间排查故障并进行修复，把问题彻底解决后才安心回家休息。作为一名网络工程师，他深知网络安全的重要性，牢记习近平总书记"没有网络安全就没有国家安全，就没有经济社会稳定运行，广大人民群众利益也难以得到保障"的叮嘱，并付诸实践。

繁杂的工作，从未消磨过他的热情；平凡的岗位，从未动摇过他的信念。他爱岗敬业，任劳任怨；他积极向上，追求卓越。他在团队中传递了正能量，树立了新标杆，也感染了身边的同事，推动公司形成良好的工作氛围。[1]

分析：网络工作者在平凡的岗位上续写着一个又一个不平凡的故事，用自己的辛勤劳动为网络安全和用户信息安全贡献更多的力量。我国劳动者分工不同，地位平等，都为社会主义现代化建设作贡献，都应得到承认和尊重。作为新时代的劳动者，更应在劳动中发现广阔天地，体现人生价值，在创新中把握美好未来。劳动作为人的第一需要，是人类社会赖以产生、存在和发展的基础。

---

[1] 东莞港务集团.初心故事｜一位默默奉献的网络工程师［EB/OL］.（2020-01-19）［2024-08-12］. https://mp.weixin.qq.com/s/U0ysWVrzxAGmVGmA9Dtu7A.

劳动不仅创造了人本身、生产资料和生活资料，同时也在生产人类的一切社会关系。人类自出现社会分工以来，以劳动力为对象的社会分工与协作、劳动组织与管理等部门相继出现，劳动不再是单纯的人的体力或脑力的支出，而是有组织、有分工、有协作，具有复杂关系和形态、内部构造细密的人类社会生产系统。

$ 你觉得网络工作者作为普通劳动者中的一员，需要具备的首要品质是什么？

_____
_____
_____
_____

角色本领

无线路由器设置和安装

无线路由器已经越来越普及，大多数用笔记本或者只用手机上网的人，都希望能直接用 WIFI 连接上网，方便、省流量。但是，很多刚接触无线路由器的同学，都不晓得如何设置和安装无线路由器。那么，无线路由器怎么设置呢？虽然也有说明书，可是有些说明书确实是简述，需要研究上一段时间才能真正弄懂方法。下面以较为普遍的 TP Link 无线路由器为例，跟大家分享一下无线路由器的设置方法。

1. 无线路由器外观

先来了解一下无线路由器的各个接口吧，无线路由器大同小异，只是 Reset 按钮的位置不一定一致。

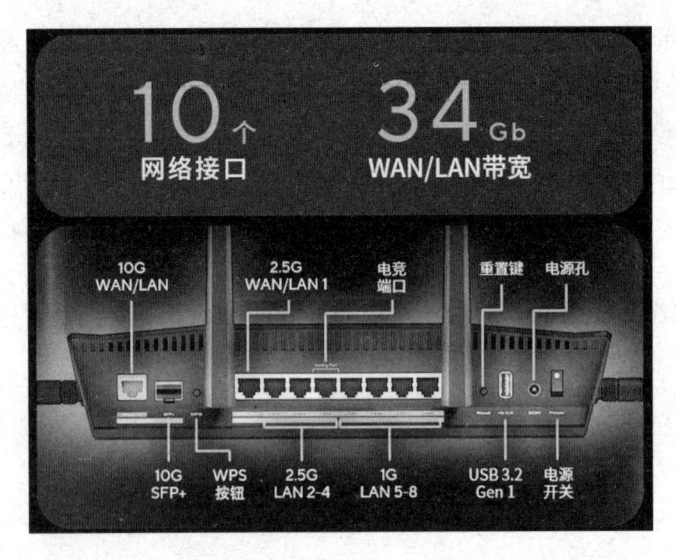

图 6-3　路由器接口外观（图片来源：百度图库）

将无线路由器连接好，启动路由器。

2. 无线路由器参数设置

用网线将无线路由器和电脑连接起来，当然也可以直接使用无线搜索连接，建议新手使用网线直接连接。

步骤一：连接好之后，打开浏览器，建议使用 IE，在地址栏中输入192.168.1.1，进入无线路由器的设置界面。

图 6-4　在浏览器地址栏输入"192.168.1.1"

步骤二：需要登录之后才能设置其他参数，默认的登录用户名和密码都是admin，可以参考说明书。

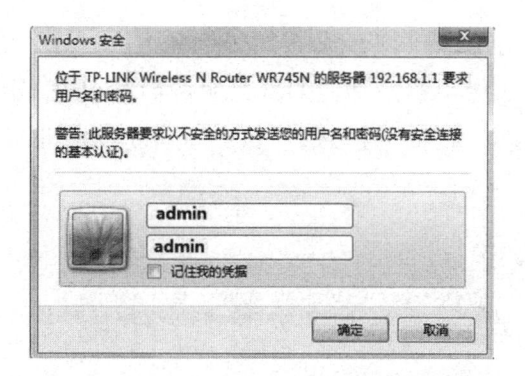

图 6-5　路由器登录界面

步骤三：登录成功之后选择设置向导的界面，默认情况下会自动弹出。

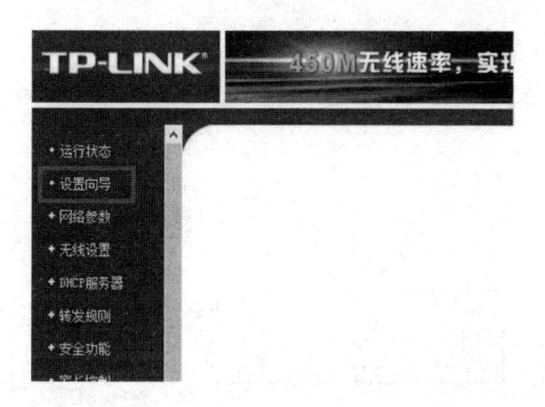

图 6-6　登录后选择设置向导界面

步骤四：选择设置向导之后会弹出一个窗口说明，通过向导可以设置路由器的基本参数，直接点击下一步即可。

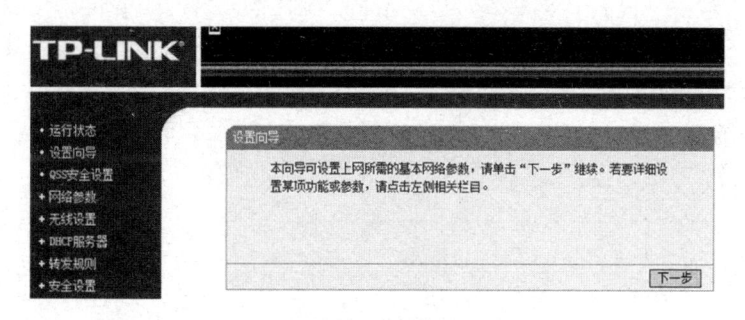

图 6-7　窗口说明直接点击下一步

步骤五：根据设置向导一步一步设置，选择上网方式，通常 ADSL 用户选择第一项 PPPoE，如果用的是其他的网络服务商则根据实际情况选择下面两项。如果不知道该怎么选择，直接选择第一项自动选择即可，方便新手操作。选完点击下一步。

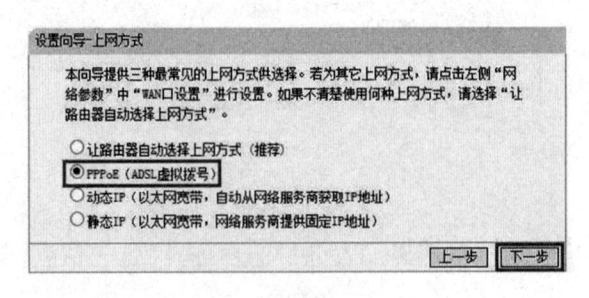

图 6-8　选择上网方式

步骤六：输入从网络服务商那里申请到的账号和密码，输入完成后直接下一步。

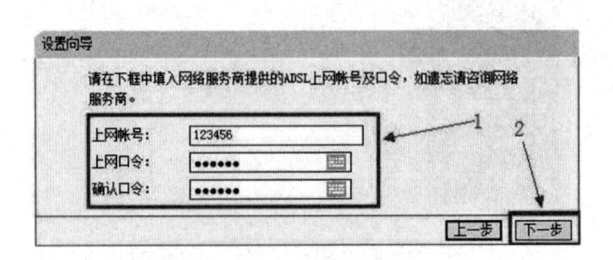

图 6-9　输入上网账号和密码

＄学会了路由器设置后，你还希望学习网络工程师的哪些技能呢？

表 6-1　岗位选择表

我想体验的网络工作者岗位	
我了解的职业岗位技能要求	1. 2. 3.

续 表

我选择的原因	

安全提示：选择网络工程师岗位时要量力而行，注意在专业人员指导下进行，注意可操作性及安全性。

角色实践

同学们，我们可以在专业网络工程师的指导下，体验专业网络工作人员的日常工作，如果条件不允许也可以在校园和家庭中为身边同学、老师和父母提供网络服务，模拟网络工作者的工作日常。体验时可以互相帮助，共同总结经验。劳动实践之前需要先制定劳动实施方案。

校园实践推荐项目：

1. 局域网搭建及 IP 设置

2. 校园物联网搭建

3. 校园网络检测及维护

4. 服务器搭建与设置

5. AR/VR 设备搭建与使用

家庭和社区推荐实践项目：

1. 社区／家庭局域网搭建

2. 社区／家庭网络维护

3. 家庭物联网搭建

角色担当：身边的劳动者

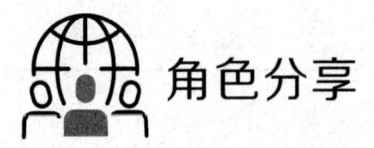

角色分享

　　网络工作者是最基层的工作人员，尤其是在"信息大爆炸"的特殊时代下，基层网络工作者通常要兼任网络维护、网络安全以及网络搭建等各种辛苦的工作。岗位模拟之后，选择同一类型劳动者岗位的小组内部要进行交流总结。不同小组之间要互相分享岗位模拟体验，展示岗位体验成果，了解不同网络工作者的岗位不同点及相同点，体会劳动者的平凡与伟大。

表6-2　岗位模拟记录表

网络工程师模拟	时间	
	地点	
	小组成员	
	岗位模拟过程	除了文字还可以通过拍照、录像、录音等方式记录。
	目的	
	岗位模拟效果	

角色反思

在基层劳动者岗位模拟的过程中会遇到许多意想不到的情况。经过基层劳动者的专业指导，我们可以逐渐熟练起来，并取得一定的进步。在模拟过程中哪些地方是我们做得不错的？哪些地方还需要继续进步？反思交流，肯定自我的成长，认识到自身的不足，帮助自己更好地进步吧。

表6-3 岗位模拟评价表

主体	评价内容	评价标准
自我评价	1. 认真工作，热情大方	☆ ☆ ☆ ☆ ☆
	2. 吃苦耐劳，勇于担当	☆ ☆ ☆ ☆ ☆
	3. 积极主动，大胆尝试	☆ ☆ ☆ ☆ ☆
同伴评价	1. 认真工作，热情大方	☆ ☆ ☆ ☆ ☆
	2. 吃苦耐劳，勇于担当	☆ ☆ ☆ ☆ ☆
	3. 积极主动，大胆尝试	☆ ☆ ☆ ☆ ☆
网络工作者评价	1. 认真工作，热情大方	☆ ☆ ☆ ☆ ☆
	2. 吃苦耐劳，勇于担当	☆ ☆ ☆ ☆ ☆
	3. 积极主动，大胆尝试	☆ ☆ ☆ ☆ ☆
我的优点		
我的不足		
基层劳动者评价		
我们的实践收获与感想		
我的评价与建议		

活动方案

家庭物联网搭建

一、活动介绍

随着物联网概念的兴起，整个社会被更加紧密地联系在一起。作为互联网概念的延伸，物联网的终端不再是互联网的终端——电脑，而是各种有实际工作价值、涉及便利人们生活的各种"物"。同时，越来越多的小型电子产品进入我们的生活，影响着我们的生活。而传统的家电设施也随着芯片技术和人工智能算法的不断提升，逐渐进入智能时代。可以期待，未来的家庭物联网会让我们的生活更加便利、更加舒适。

家庭物联网是以住宅为平台，利用综合布线技术、网络通信技术、安全防范技术、自动控制技术、音视频技术将家居生活中有关的设施集成，构建高效的住宅设施与家庭日程事务的管理系统，从而提升家庭环境的安全性、便利性、舒适性、艺术性等，并实现环保节能的目的。

二、活动准备

1. 市场调研，调查市面上已经有的家庭物联网产品，了解它们是如何工作的。
2. 调查讨论，目前的家庭物联网产品还有哪些功能有待提升。
3. 进入家庭物联网设计开发公司，近距离了解设计理念、应用技术。

三、活动流程

【对象】全校学生。

【主题】尝试搭建简单的家庭物联网。

【用途】现在大部分空调都是遥控器开关，出门后如果还想开一会空调（比如除湿），就只能回家后再关，非常费电。热水器、电视也是同理，如果能有一款产品可以远程控制各类开关，将会使家用电器的使用变得更加高效、便捷。

【场地】学生自家。

【工具】智能插座若干，普通家用电器，智能家用电器，智能手机。

【搭建过程】

1. 首先获得智能插座（可线下或线上购买）若干，根据控制的类型不同，需要不同型号。

2. 手机下载智能插座APP，注册账号，并联上家庭WIFI网络。

3. 按照说明书（以空调插座为例），将插座接入电源插孔，指示灯亮则通电开机成功。长按按键初始化，打开智能插座APP首页，在页面右上角点击"+"添加设备，橙灯闪烁时正在连接，按步骤添加成功后即可在"首页列表"找到此设备。

4. 通过APP测试开关效果，调温效果、调模式效果。

5. 重复上述步骤安装好热水器插座等，并调试成功。

6. 其余若有高度智能化的家用电器，可不使用插座直接使用产品APP远程控制。

7. 最终实现大部分家用电器均可使用手机完成开关等部分功能。

将使用方法介绍给父母，并教会他们使用家庭物联网。

四、注意事项

1. 根据家庭实际经济能力选择购买几个智能插座。

2. 操作过程中务必注意用电安全，保险起见先拉闸，安好插座，再重开电闸。

3. 部分插座空间位置较高，安装时注意安全，最好能有监护人在旁照看。

角色回顾

1. 通过本节课的学习，你了解了网络工作者的哪些职责与能力？

回答：_____

_____

_____

_____

2. 你在职业体验过程中遇到了什么困难？你是如何克服的？

回答：_____

3. 什么是路由器？它在网络中的作用是什么？列举几种常见的路由器类型，并说明它们的特点。

回答：_____

_____

_____

_____

4. 完成一个小小的和网络相关的劳动课题，包含下列内容：

（1）你要解决的问题和目的是什么？

（2）为了解决这个问题，你可能需要分成一系列的步骤来完成，你是否可以尝试列举出这些步骤？

（3）在一系列的研究步骤中，有哪些是已经有较好的解决方案的？哪些需要你着重研究？

第 7 课

代码专家：程序员

角色引语

一行行闪烁的代码是一串串与神秘世界交流的密码，解锁你天马行空的想象力，赋予你整个网络世界的力量，从零到一，从无到有。现代社会，先后经历了蒸汽革命、电气革命、信息革命的更迭。信息社会从个人、专业到社会层面不断信息化的背后，是程序员等助力者不容忽视的作用。正是程序员键盘下的一行行代码，才有了百度、阿里巴巴、腾讯、京东等互联网大牛的存在……才能改变世界。程序员是信息时代的新兴职业，是从事程序开发、程序维护的基层工作人员。一般将程序员分为程序设计人员和程序编码人员。

角色肖像

12306是中国铁路官方唯一指定的车票购票系统，在上面可以购买高铁、普通列车车票。12306网站及其APP都具有车票预订、在线支付、改签、退票、订单查询、常用联系人管理、个人资料修改、密码修改等功能。在以往的岁月里，买火车票的途径有三种：在火车站售票处窗口购买，在代售处购买，以及电话订票。而这三种方式，不是让代售点或者火车站挤得人山人海，就是电话长时间占线根本无法接入。12306有效解决了这一问题，但其在2012年正式上线后，有几年的春运期间，系统一直有不稳定的情况发生。

因为，车次、站点、人数、距离、时间等复杂的变量排列组合，产生的数据浩如星海，此外，线下买票与在线购票还需实时协同。为解决这一难题，12306网站将车票查询业务放到阿里云计算平台上，以此帮助12306平稳度过春运购票高峰。

负责12306项目改造的阿里云程序员工程师表示："一般而言，查询是多数售票系统访问量最大的部分，它的请求次数一般占到整个网站的85%以上。交易相关的过程中，都会多次提交查询请求，更不要说大量刷票软件问世后，增加的工作负载，这一切都让余票查询系统成为整个系统的压力集中地。"

第 7 课　代码专家：程序员

　　程序员一般是指从事程序开发、程序维护的基层工作人员。一方面，除了熟悉并熟练掌握交付软件部开发的软件项目的相关软件技术，他们还需要负责软件项目的详细设计、编码和内部测试的组织实施，对小型软件项目兼任系统分析工作，完成分配项目的实施和技术支持工作。另一方面，程序员还要进行软件的需求调研、项目可行性分析、技术可行性分析和需求分析。

图 7-1　程序员的日常工作（图片来源：视觉中国）

§ 观察图片，请回答下列问题。

　　1. 图 7-1 中体现出程序员的哪些工作特点？

　　2. 你觉得程序员工作的优点和不足有哪些？

3. 你觉得程序员需要哪些必备技能？

_____

_____

_____

_____

角色故事

  大家好，我是雷老师，一个从事软件行业十几年的老程序员。一直都想把我这十几年的行业经历与经验写成文章与大家分享，苦于之前工作太忙，无法遂愿。今日得闲，借此文向大家倾诉程序员真实的内心独白。

  记得十几年前的一个夏天，我成功拿到了一家小软件公司的 Offer（初级 Java 软件开发工程师），第二天就激动地跑去这家公司上班，从此踏上了我的 Java 开发之旅。初入职场，自己就像一个小白，进入软件公司才知道，作为开发，不仅仅要懂得 Java 语法，还要会撰写"概要设计文档""详细设计文档""接口文档"、掌握目标项目的业务流程与业务规则等。当时我们项目组开发的是"某市药品进销存管理系统"项目，对于我这个刚入行的菜鸟而言，感觉业务比代码复杂得多。不弄懂业务流程基本无法写代码，怎么办？一个字：学。还好项目交付时间不是太急，给了我们一些学习的时间。因此，在公司的研发部，经常就可以看到一个个小方格子里有几个人影不断地攒动。一有空，我们项目组的同事就聚在一起抱团研究。这时，我深刻体会到罗马不是一人建成的，项目不是一人干出来的，团队的力量是伟大的。为了快速提升自己的开发水平，不仅在公司拼命研究，周末休息时，我也是三点一线。不是传统的上班、下班、回家，而是图书馆、书店、家。每逢周末，别人在睡觉、在玩游戏、在旅游，我却一大早起床赶赴图书馆，寻找、筛选 Java 相关的技术书籍。常常从早晨图书馆一开门一直到中午，我才把选好的书籍借出，回家吃饭后，下午再赶赴第二个战场——书店。图书馆的书数量较多，但新书较少，跟不上时代的发展。无奈之下，只能再到书店寻找更合适的书。书店中合适的书虽多，但价格也不菲，想每本都买，但对于我这个刚入行在生计线上拼搏的小程序员显然不现实。为了省钱，我通常在书店一待就是一个下午，从下午 1:00 一直站到傍晚 5:00，将合适的书籍基本都看了一遍，对于非买不可的大价值书籍，只能把它买回来研究。周日是代码实践日，一大早就起床，坐在电脑面前实践代码。首先将昨日书店中看到的代码在电脑上复盘一下，之后就是研读图书馆借回来的书，对着上面的代码一顿猛敲。有一次，由于所看书籍内容比较深奥，看着看着竟然睡着了，醒来时发现自己一直保持着两只手抱书的姿势。就这样，在单位研究业务、写代码，回家继续研究代码，周而复始，泡在代码里的日子一天天过去，我的付出终于获得了回报。在编写有效代码上，效率有了明显提升，对于项目中用到的一些不太复杂的算法，自己也可以编写出来。特别在进销存项目的业务层面，也搞得比较清楚，真正达到将产品业务逻辑与代码紧密融合在一起。

  自己的付出没有白费，心里不免有些小开心，但好景不长，在这家公司干了一年左右，老板突然宣布，由于战略需要，公司需要搬迁到老板的老家，所有员工要随公司一起搬迁，如果不愿意搬迁的，可以考虑离职。我当时听到这个消息后，如遭雷击。老板的老家是个二三线的小城市，软件公司少得可怜，别说北上广了，就与我在的省会城市相比，也是天壤之别。到那边会有什么发展，人在异乡，开销更大，前景一片晦暗。于是，我去跟老板谈判，表明了我不愿意搬迁的态度，结果，老板只讲了一句话，要不然搬，要不然自己辞职。他这话讲完，我只是稍微考虑了一下，爽快地提交了辞职报告。其实，我也知道这家公司的行为是违法的，完全可以去告他，但眼下最重要的是赶紧找到下家，为生计买单，谁叫自己是一个才刚入行的菜鸟，其他的事真的无法顾及。此时，只能有阿 Q 精神，"当我哪一天成了技术大牛，让你们高攀不起"。

  生活是要继续的。眼下只有赶紧上网发简历。此时，情怀、生活品质好像都与我无关，填饱肚子才是第一大事。这时的我，感觉开发软件就是拿工资、赚钱。是否真的喜欢这份职业，连我自己都给不出一个答案。

  没过多久，我就获得了面试通知。这家是上市软件公司，规模很大，有一两万人。来面试的人也很多，面试经过了笔试、项目经理面试、技术总监面试。第一轮的笔试最重要，笔试没达到 80 分以上，后面就不用谈了。很幸运，我通过了笔试。等了半个小时左右，就直接进行第二轮项目经理的面试。此轮面试，问题分为三个方面：

1. 项目经验：

你曾经做过哪些项目，在其中你负责哪几个模块？

整个项目的业务逻辑是怎样的？

描述一下注册登录的逻辑。

2. 技术问题：

曾经用过哪些 Jar 包？

尽量多说一些技术含量高的 Jar 包（通过这一点，了解你接触过 Java 的哪些功能）。

Struts1、Struts2 的区别及 Struts2 的原理？

如果有些记得不太清楚，可以用自己的语言描述下，不需要太过精准。我的语言表达能力比较强，有些记得不太清楚的地方，通过自己语言描述也顺利通关。

代码中如何实现多态？

怎样实现国际化？

深拷贝和浅拷贝的区别是什么？

3. 其他问题：

你是否愿意学习新的技术？（这是看你有没有坚持学习新技术的态度。）

三方面问题问完后，不要以为面试就结束了，最后，还有大多数软件公司都喜欢问的问题，这个问题回答得不好或略带迟疑，就与 Offer 无缘了。这个问题就是，你愿意加班吗？当我听到这个问题后，几乎毫不迟疑地回答：愿意。之后，顺利进入第三轮。第三轮技术总监面试，主要就是谈谈薪资待遇方面，面试结束后，很快收到了人事发来的 Offer，通知下周上班，职位是 Java 软件开发工程师。

这家上市软件公司，是华为的主要外包公司之一，除此以外还有政府、电信、电力、交通等业务。一开始，我被分到的是华为事业部研发二组。当时我们这个项目组有 20 人左右，大约 13 个开发，7 个测试，组员之间关系融洽。我刚进入项目组时，对华为的项目流程一片茫然，项目中，内部封装了大量的组件，必须要看懂技术文档才能搞清楚它们之间的逻辑关系，但是技术文档厚厚的一大叠，眼睛都要看花了。最好的方法还是多请教前辈。于是，在开发项目早、中午吃饭时，晚上加班时，我都会抓紧时间，请教比我来公司早的同事。

大多数同事都会不厌其烦地帮我讲解，使我开发水平快速提升，现在十几年过去了，真的挺感谢他们的。

在这家公司工作期间发生了许多值得记录下来的有趣的事或是跳过的坑。刚进项目组开发项目时，有一次，我按照分配的任务，很快就完成了模块的逻辑代码，并且经过测试，功能一切正常，下班前就把最新版本上传到服务器。第二天一早，开开心心地来到公司参加每天早晨的项目例会，例会内容很简单，项目组每位组员汇报目前自己负责的进度，有问题的提出来，项目经理进行评审并解决问题。当我汇报时，我感觉自己分配的任务完成了，项目经理应该很开心。谁知项目经理听完后很生气，让我把代码全部重新修改一下。我不解地问什么情况，他生气地回答我："你看看，你的包名有大写有小写！"我说："我的功能都实现了呀。"他回道，命名不符合规范，这会导致编译错误或者代码可读性问题。我无言以对，赶紧修改代码，从此以后，我对代码的规范格外注意。

还有一次，我正在开心地写着一个判断语句代码，这时，项目经理正从我身后经过，看到我写的代码，说我写得不对，让我马上停下来。我很疑惑地回道："不就是一个简单的嵌套if语句吗？会有什么问题？"他回道："你看看你的数字代表什么？"我说："1、2、3代表判断的三种状态。"他说道："这只有你自己知道，这是'魔鬼数字'，'魔鬼数字'缺点很多，包括代码可读性差、可维护性差、容易出错。华为的项目中是不允许有魔鬼数字的，全部用常量替代。""魔鬼数字"，这是我记忆深刻的第二个坑。

过了一段时间，我升任PL（项目组长），手下有四个人，三个是本公司同事，还有一个是华为的实习生。刚进华为的校招或社招程序员，很多要被分配到合作的外包公司历练，等半年后，通过华为考核，才能成为华为正式员工。我的任务，主要是带着他们一起写项目，遇到问题帮助解决。对他们进行监督、管理、培训，汇报他们每天的工作情况，统计他们每天的工作量。在这家公司工作期间，开发过多个华为项目、电信项目、电力项目、地铁项目、网站、企业信息管理系统，工具软件等，使我的开发水平得到了飞速提升。当然，天上是不会掉馅饼的，这一切都需要很大的付出。[①]

[①] 编程的那些事. 一个程序员的不屈奋斗史［EB/OL］.（2024-07-05）［2024-08-12］. https://mp.weixin.qq.com/s/_uY8OP-nLKuba5Y0dyK_Sg.

§ 请阅读文章后回答下面的问题。

你觉得程序员作为普通劳动者中的一员，需要具备的首要品质是什么？

_____

_____

_____

_____

角色榜样

王选院士：能为人类作出贡献，人生才有价值

"只要你读过书、看过报，你就要感谢他，就像你每天用电灯时要感谢爱迪生一样……"这句话说的就是科学家的典范——王选。

◎ 人物介绍

王选（1937年2月5日—2006年2月13日），男，江苏无锡人，出生于上海，计算机文字信息处理专家，计算机汉字激光照排技术创始人，当代中国印刷业革命的先行者，被称为"汉字激光照排系统之父""有市场眼光的科学家"。

◎ 成就故事

勇攀高峰　科技强国

1937年2月5日，上海衡山路964弄王家又添了一个男孩。这已经是家中的第五个孩子了，顺着兄长们的名字，父母也给他起了个带"走之旁"的名字：王选。

王选出生在一个普通的知识分子家庭。他的父亲毕业于南洋大学（现上海交通大学），是一个正直、严谨的知识分子，有着知识分子的铮铮铁骨。他的母亲出身于书香门第，是一个喜爱读书、追求进步的知识女性。王选兄姊五人，他排行第五。父母对大家既要求严格，又爱护有加，兄弟姐妹之间关心体贴、和谐亲密。在家庭环境的熏陶下，王选从小就养成了宽厚、真诚的性格，从小就把"国家"放在心中最重要的位置。

1954年，王选考上北京大学，选择专业时，看到国家"十二年科学发展远景规划"中把计算技术列为重点发展学科，又了解到未来计算机技术的应用将对国防和航空工业产生巨大影响，便毅然决定攻读当时冷门的计算数学专业。大学毕业后，他以巨大的热情投入计算机应用研究工作。

自主创新　　当代毕昇

为了掌握国外照排领域的研究现状和发展动态，王选常常挤公交车到科技情报所查阅外文资料，当时车费是二角五分，为了省五分钱他就提前一站下车，走过去。他当时没有课题经费，每月工资只有40多元，还是多年的老病号，常常靠手抄资料来节省复印费。从1975年至1993年，18年里，王选没有节假日，没有礼拜天，没有元旦，也没有大年初一，基本上每天工作16个小时以上，终于带领团队成功研究出了第四代激光照排系统，实现了中国出版印刷行业"告别铅与火、迎来光与电"的技术革命，成为中国自主创新和用高新技术改造传统行业的杰出典范。

他对科研项目的市场前景有着敏锐的洞察力，是促进科技成果向生产力转化的先驱，被誉为"有市场眼光的科学家"。20世纪80年代起，他就致力于科研成果的商品化。90年代初，他带领队伍针对市场需要不断开拓创新，先后研制成功以页面描述语言为基础的远程传版新技术、开放式彩色桌面出版系统、新闻采编流程计算机管理系统，引发报业和印刷业三次技术革新，使得汉字激光照排技术占领99%的国内报业市场以及80%的海外华文报业市场。他积极倡导产学研结合，在北大方正集团中建立起从中远期研究、开发、生产、系统测试、销售、培训和售后服务的一条龙体制，还力主由北大计算机研究所与北大方正集团共同成立方正技术研究院，走出了一条科研成果产业化的成功道路。

王选一生献身科学，淡泊名利，始终孜孜不倦地埋头于艰苦的科研工作中，即使患病期间也没有停止过。王选在计算机应用研究和科学教育领域里的重大成就，赢得了祖国和人民的高度评价，在国际上获得了广泛的赞誉。王选以提携后学为己任，甘为人梯，为培养和造就出一批批年轻的学术骨干呕心沥血。2002年，他用获得的2001年度国家最高科学技术奖奖金及学校的奖励金共900万元设立"王选科技创新基金"，支持和鼓励青年科技工作者从事具有基础性、前沿性的中长期科技创新技术研究。在他的培养下，一批敢于创新、勇于拼搏的青年科学家走到了科研前沿。

王选曾经说过一段话："要想做好学问，先要做个好人。什么叫好人？季羡林先生说，'考虑别人比考虑自己稍多一点就是好人'。我觉得还可以再降低一点：'考虑别人与考虑自己一样多就是好人'。"王选能够认识自己的不足，懂得要依靠团队，在工作中千方百计地为优秀的年轻人创造条件，使他们脱颖而出，是当之无愧的好人。[1]

§ 请阅读文章后回答下面的问题。

1. 通过对王选生平和工作生活相关资料的阅读，你认为需要学习王选哪些劳动品质？

_____

_____

_____

_____

2. 如果你希望将来成为一名程序员，高中阶段需要做哪些准备？

_____

_____

_____

_____

---

[1] 九三学社之声.[历史记忆] 王选：知识分子的楷模 多党合作的典范[EB/OL].(2017-12-06)[2024-08-12].https://mp.weixin.qq.com/s/syqBM74qePcrZjeT4AeYuA.

角色本领

通过学习编程，我们能更深入地思考自己的未来在何方。

表 7-1 岗位选择表

我希望学习的岗位技能	1. 2. 3.
我选择的原因	

角色实践

同学们，我们可以在技术人员的专业指导下，体验程序员的工作内容。体验时可以互相帮助，共同总结经验。

劳动实践推荐项目：

1. 简单的游戏开发：编写一个小游戏，如猜数字游戏、2048 等。
2. 制作一个简单的计算器：使用 Python 等编程语言实现计算器功能。
3. 制作一个简单的数据可视化应用：使用 Python 等编程语言实现。
4. 网页设计与制作：学习 HTML、CSS、JavaScript 等技术，制作简单的网页。
5. ＿＿＿＿＿＿＿＿＿＿＿＿＿＿＿＿＿＿

表 7-2 岗位模拟记录表

程序员模拟	时间	
	地点	
	小组成员	
	实践模拟过程	除了文字还可以通过拍照、录像、录音等方式记录。
	目的	
	岗位模拟效果	

角色分享

学校将邀请知名技术公司的程序员为同学们作讲座，并分享程序员工作日常和职业特点，其中有互动交流环节，你打算提出哪些问题呢？

问题 1：_____

回答：_____

_____

_____

问题 2：_____

回答：_____

_____

_____

问题 3：_____

回答：_____

_____

_____

角色反思

在基层劳动者岗位模拟的过程中会遇到许多意想不到的情况，其中哪些地方是我们做得不错的？哪些地方还需要继续进步？反思交流，肯定自我的成长，认识自身的不足，帮助自己更好地进步吧。

表 7-3 岗位模拟评价表

主 体	评价内容	评价标准
自我评价	1. 认真工作，热情大方	☆ ☆ ☆ ☆ ☆
	2. 吃苦耐劳，勇于担当	☆ ☆ ☆ ☆ ☆
	3. 积极主动，大胆尝试	☆ ☆ ☆ ☆ ☆
同伴评价	1. 认真工作，热情大方	☆ ☆ ☆ ☆ ☆
	2. 吃苦耐劳，勇于担当	☆ ☆ ☆ ☆ ☆
	3. 积极主动，大胆尝试	☆ ☆ ☆ ☆ ☆
程序员工作者评价	1. 认真工作，热情大方	☆ ☆ ☆ ☆ ☆
	2. 吃苦耐劳，勇于担当	☆ ☆ ☆ ☆ ☆
	3. 积极主动，大胆尝试	☆ ☆ ☆ ☆ ☆
我的优点		
我的不足		
基层劳动者评价		
我们的实践收获与感想		
对活动和方案的评价和改进建议		

活动方案

Python 编程——π 的探究

公元 480 年，南北朝时期的数学家祖冲之进一步得出精确到小数点后 7 位的结果，给出不足近似值 3.141 592 6 和过剩近似值 3.141 592 7。

活动主题

不一样的计算——π 的探究。

活动目的

为切实推进素质教育，培养青少年的信息技术能力和实践创新能力，进一步提升学生的信息素养，提高学生的动手动脑能力。让学生感受信息技术的魅力，激发学生对信息技术的热情。

活动地点

图书馆机房。

活动对象

会使用 Python 编程的全校学生。

活动内容

用 Python 编程实现拉马努金公式法求 π，测试并记录多组数据运行结果。

角色回顾

1. 程序员的主要职责是什么？（　　）
   A. 负责公司的财务管理　　　B. 设计、编写和测试计算机程序
   C. 维护公司硬件设备　　　　D. 编写市场营销计划

2. 程序员需要具备哪些技能？（　　）
   A. 语言表达能力　　　　　　B. 数据解读能力

C. 逻辑思维能力 　　　　　　D. 身体协调能力

3. 如果想成为一名优秀的程序员，应该怎样学习？（　　）
　　A. 多看书学习 　　　　　　B. 多上网搜索资料
　　C. 看视频教程学习 　　　　D. 多尝试实践

4. 开发一个软件需要哪些团队角色？（　　）
　　A. 项目经理 　　　　　　　B. 财务经理
　　C. 人力资源经理 　　　　　D. 设计师、程序员、测试人员等

5. 成功的软件开发项目需要什么？（　　）
　　A. 良好的管理和组织 　　　B. 完美的需求设计
　　C. 优秀的开发工具和技术 　D. 手段多样的测试方法

第五单元

正义护卫——政法工作者

"安得广厦千万间,大庇天下寒士俱欢颜",这是杜甫的"忠诚"和"为民"的体现。作为一名法政工作者,忠诚、为民又意味着什么呢?"忠诚"就是忠于党、忠于国家、忠于人民、忠于法律,这是法政工作者的政治本色;"为民"就是始终把人民放在心中最高位置,切实做到执法为民,这是法政工作者的工作宗旨。法政工作者应有"安得天平恒久存,大庇天下冤者俱欢颜"的美好愿望,用青春和热血为广大人民铸就一座永不倾斜的天平,让公平与正义永存。

本单元选择惩恶扬善的法官及律师、参政议政的政协委员三个职业,描述这些职业的工作者恪尽职守、乐于奉献、执法为民的精神和情怀,讲述他们为了人民的安定和幸福、维护社会的公平与正义的故事。希望通过本单元的学习明确法政工作者的公正和廉洁、"刚正不阿、不畏权贵"的天性、"一身正气、两袖清风"的品格。

第 8 课

惩恶扬善：法官及律师

角色引语

你戴着荆棘的皇冠而来,你握着正义的宝剑而来。法律,天堂之门,亦是地狱之门。但你视一切险阻诱惑为无物。你的格言:法律面前人人平等,唯有客观事实才有最高的权威。律师之门,是神圣之门,是正义之门。

法律职业,可以统称为法律家或法律职业人士,指专门从事司法及其他法律活动、具有特定专业资格的职业法律工作者,包括法官、检察官、律师和法律代办等。广义的法律职业还包括法律相关职业(仲裁人、调解人、公证人、法律技术员等)以及立法者、法学者。

角色肖像

法庭中的法官平时都在干什么呢?

人民法庭处在化解矛盾纠纷、服务人民群众的第一线,只有将法治环境建设好了,人民群众才能切实感受到公平正义就在身边。你想象中的法官平时工作是什么样子?是身穿法袍、手持法槌高高在上的审判者?是只顾埋头写判决的苦行僧?让我们一起来安波法庭一探究竟吧。

镜头1:法官助理李某

8:30,法官助理李某已经在做当事人的调解工作了。

俗话说"清官难断家务事",很多法官觉得婚姻家事类案件难调解,双方矛盾纠纷多,各说各的理,很难找到一个切入点。但是李某处理婚姻家事类案件却得心应手,在做当事人调解工作时,他都能耐心地解释和倾听,触动当事人内心深处的柔情,进而解开当事人的心结,实现案件的成功调解。李某之所以能把婚姻家事案件处理得恰到好处,是因为他把自己对家庭生活的感悟运用到了工作中。他是全庭公认的好丈夫、好父亲。只要有时间,他就会为家人烹制美食。他常挂在嘴边的一句话是"看着家人一脸的幸福,一天的疲惫感瞬间消失了，这就是我最想要的生活。"

镜头 2：副庭长范某

7:40，夏日的清晨，微风中带有点点凉意。副庭长范某已经坐在办公桌前翻阅卷宗，把前一天晚上整理好的庭审提纲再次细化，为当天需要开庭的四个案件做好充分的庭前准备。范庭长是刚柔相济、法理兼施的"铁娘子"。

在进行一次庭前调解工作时，因急于下楼脚下踩空，范庭长摔下楼梯，左脚严重扭伤。在脚打石膏的情况下，她仍然挂拐杖带领团队开庭、调解、熬夜写判决，没有因为受伤耽误一天工作。再苦再累，她每天都是正能量满满。大家都说范姐是女战士。

镜头 3：法官吴某

21:00，"今天工作圆满完成"，法官吴某高兴地自言自语。

能够在晚上九点结束工作是因为今天的 5 个案件调解了 3 个，撤诉 1 个，只有 1 件需要写判决。自从 2015 年入职 xxx 法院以来，吴法官就把法庭当成了自己的家，周日晚上到法庭，周五下午开完庭再开车回市区。一周五天的住庭，让法官吴某有足够的时间熟悉卷宗、整理思路、制作文书。自从在 xx 法院工作以来，他做到了当天审理的案子当晚出判决。每天高强度的工作大家都看在眼里，但是没有人听他喊过一句累，他一直挂在嘴边的话是"我的助理和书记员帮我分担了三分之二的工作，是团队人员共同努力的结果"。常年以庭为家、默默付出的结果换来的不仅是今年上半年结案数最多的成果，更是同事们发自内心的赞扬。

镜头 4：庭长赵某

7:30 从院里准时出发

8:30 现场勘查并开庭审理两起排除妨害案件

13:00 到 xx 中心小学做普法教育讲课

16:30 对不能在正常工作时间到庭的案件当事人进行庭审

19:30 下班

这是庭长赵某的工作安排，也是他最普通的一天。为了实现真正的案结事了，他把庭内所有的腾退和排除妨碍的案件都归到自己名下办理。如果在审判阶段难以处理完毕，他也会提前和执行部门的同事沟通交流，尽量避免案件陷入僵局。

他的日常是白天工作，晚上学习审判业务，只要有时间就联系辖区内的学校和企业举办讲座和宣传，为法治化营商环境建设多做贡献。

星光不负赶路人，正是无数个这样普通的一天，诠释着每一位基层法官的司法为民之心，在平凡的岗位上用心血和汗水践行着人民法官的使命担当。他们用实际行动让人民群众更深切地感受到公平正义就在身边。

角色本领

一、良好的业务知识

根据你所专攻的法律领域，熟练掌握其基础知识，例如：法理学、宪法学、刑法学、民法学、经济法学、诉讼法学、国际公法学、国际私法学等。作为法律工作者，还需要保持持续深造学习的热情，不断提升和精化所处子领域的业务能力。多去跟前辈们切磋交流。

二、优秀的外语能力

学习国内外丰富的行业知识，也是法律工作者必备的素养，尤其是各国的社会经济、金融、科技等领域的知识更要了解。

三、缜密的逻辑思维能力

在法律工作者的实际工作中，接触到的不再是课本上的案例，而是实实在在的案件。缜密的逻辑思维、清醒的头脑，可以帮助你思考每个细节，判断事情发展的趋势，进而发掘案件的核心和本质。

四、一定程度的文学素养

法律工作者在工作中难免会碰到文书类工作，如何在文案中体现明确的观点，清晰的思路，以及流畅的推理线索，都要依赖文字能力。

五、良好的心理素质

法律工作者长期处于高压状态，每天要守护法律带给社会的正义，保持公平公正的态度，在责任重大的环节往往要充当正义的化身，极其考验心理素质。

角色实践

主题活动：模拟法庭（法官及律师职业体验）
——以校园敲诈勒索案为例

活动目的：

帮助学生在体验法官及律师工作者的活动中深入理解该职业，并使他们对自身未来就业和发展方向进行思考。

活动对象：

选取指向法律从业方向的高中生。

活动设计意图：

模拟法庭是在活动课程理论指导下开展的法治教育实践活动，借助于学生在活动中扮演角色的过程、庭审过程、法律案例解读过程以及对场下观众的观察，使学生能够亲身感受法庭氛围、了解法律知识，并在整个庭审过程中真正感受到尊法、守法、用法的意义，真正做到从"做中学"，达到道德认知、道德情感和道德行为三者的有机统一。

活动过程：

一、准备过程：

1. 书面资料准备：

（1）选取资料：模拟法庭庭审案例的选择。选取了比较贴近学生生活的青少年违法犯罪案例，在实践过程中，可以结合学生当前遇到的问题选取合适的法律案例。

（2）材料加工：对庭审材料进行加工。在拟定角色的基础上，将庭审材料按照学生需扮演的不同角色进行加工，成为实践活动开展的"剧本"，为活动开展做好准备。

（3）资料复审：由于法律法规本身具有极高的严肃性，而教师及学生多为非法律工作人员，因此，在模拟法庭材料准备基本成形之后，应请具备一定法律专业知识的人士进行复审，以保证所用材料的严肃性和客观性。

2. 人员拟定（角色分配）：

模拟法庭的开展以教学班为依托，组成人员基本分为五大组成部分，参与庭审人员为12人左右，剩余同学作为观众参加模拟法庭的观察员。

（1）开庭法院工作人员：一般为四人，分别为审判长、审判员、书记员、人民陪审员。

（2）公诉方：一般设公诉人两人。

（3）被告方：主要由被告和辩护人组成，需两到三人。

（4）受害人：结合案情，为方便实施，一般为一人。

（5）观众：教学班剩余同学。

3. 物资准备：

为保证模拟法庭的开庭环境尽可能真实，需提前准备法庭所需用品，包括法院审判庭的基本用品（如：桌椅，法槌，法袍等），学生文件夹，必要的"证物"等，物资的准备需结合具体法庭案例准备充分。

二、庭审过程实施：

案情预演：

在条件允许的情况下，可以由模拟法庭中扮演被害人和被告人的同学提前以影像的方式预演案件发生的过程，以达到深化认识、预防青少年违法犯罪的目的。

（一）法庭准备阶段

书记员：报告审判员，当事人均已到庭，请开庭。

审判长：谢谢书记员，全体坐下。

审：现在开庭

审：依照《中华人民共和国民事诉讼法》第40条第1款、第120条的规定，XX市XX区人民法院今天依法公开开庭审理原告与被告买卖合同纠纷案。

（二）法庭审查阶段

审：庭审分四个阶段进行：法庭调查、法庭辩论、当事人最后陈述、评议与宣判。

下面进行法庭事实调查。

首先由原告陈述事实、诉讼请求及理由。

原告诉讼代理人诉讼请求：

1. 判令被告赔偿原告经济损失，包括买房后的附加物13万元；重置区位补偿价30万元；原告一年多没有进行创作，造成的经济损失8.8万元，共计51.8万元。

事实及理由：

2002年7月1日，原、被告签订《买卖房协议书》，约定原告购买房屋8间，并取得了当地村委会的认可。原告对原有的房屋进行了翻新及装修，共计花费了约13万元人民币。

2006年12月，被告向XX市XX区人民法院提起民事诉讼，要求确认与原告签署的上述《买卖房协议书》无效，要求原告向被告返还房屋。

2007年12月17日，XX市第二中级人民法院作出终审判决，判决双方签署的房屋买卖协议无效，原告向被告返还房屋，被告向原告支付原房及添附部分的折价补偿为人民币93 808元。

为了维护原告的合法权益，原告特此提起诉讼，请人民法院予以公正审理。

审判长：原告对起诉内容有无补充？

原告：没有。

审判长：下面由被告针对原告的起诉发表意见。

答辩人：答辩人因原告诉xx房屋买卖纠纷一案，提出答辩如下：

1. 在协议签订时，原被告双方都明知农村宅基地及地上房屋属禁止流转范围，即双方都有过错，因此让答辩人对合同无效承担主要责任没有任何依据。

2. 答辩人认为被答辩人所求偿13万元的附加物损失赔偿属于"一事不再理"范围，针对这一赔偿XX市第二中级人民法院已经终审判决。

3. 被答辩人所求偿重置区位补偿价30万元不应由答辩人承担。原被告双方对合同无效均有过错。因此30万元的损失应由双方根据过错程度按比例承担。

4. 被答辩人xx要求的8.8万元赔偿与答辩人xx的行为之间没有因果关系。

综上所述，请求贵院依法驳回原告无理的诉讼请求。

审判长：被告对答辩意见有无补充？

被告：没有。

审：下面就案件事实进行证据审查。首先由本案的原告出示证据。

原告诉讼代理人：我方有三组证据要向法庭提交。其中，第一组证据包括证据1、证据2和证据3，用以证明原告与被告曾签订房屋买卖协议并完全履行协议；第二组证据包括证据4用以证明被告在导致合同无效中存在主要过错；第三组证据包括证据5证据6用以证明原告经济损失的具体内容。

证据1 房屋买卖协议一份。房款自签字后一次性交清，双方遵守协议，落款处除有买卖双方签字，还加盖村民委员会印章。

审判长：请法警将原告出示的证据提交法庭。请法警将证据交给被告。被告对原告方所出示的证据有无异议？

被告：没有异议。

审判长：请原告继续举证。

原告诉讼代理人1：证据2收条一张。是被告xx开具给原告xx的购房款收条。其内容为："xx于2002年7月1日收到xx购房款人民币45 000元整。"

审判长：请法警将原告出示的证据提交法庭。请法警将证据交给被告。被告对原告方所出示的证据有无异议？

被告方：没有异议。

审判长：请原告继续举证。

原告诉讼代理人1：证据3集体土地建设用地使用证一份。记载"xxx于2002年7月1日将房8间出售给xxx使用"。

审判长：请法警将原告出示的证据提交法庭。请法警将证据交给被告。被告对原告方所出示的证据有无异议？

被告：没有异议。

审判长：请原告继续举证。

原告诉讼代理人2：证据4民事判决书。是2007年12月17日，判决书证明了被告在导致合同无效中存在主要过错。

审判长：请法警将原告出示的证据提交法庭。请法警将证据交给被告。被告对原告方所出示的证据有无异议？

被告：对于判决书的真实性我们没有异议，但是我们认为原告所读的判决书是法院建议性的结论，因此不能证明被告在导致合同无效中存在主要过错。

审判长：原告对被告提出的异议有需要解释的吗？

原告：最高人民法院《关于民事诉讼证据的若干规定》第九条规定："（四）已为人民法院发生法律效力的裁判所确认的事实；我方认为判决书中的内容符合第四点的规定，对证明被告应承担主要责任有证明力。

审判长：被告对原告的解释有无异议？

被告：没有。

审判长：请原告继续举证。

原告诉讼代理人2：证据5原告xx与xxxx艺术车间签订的合同。合同约定由原告每年向xxxx艺术车间提供画作六幅，支付原告报酬八万元人民币。原告就损失了8.8万元。

审判长：请法警将原告出示的证据提交法庭。请法警将证据交给被告。被告对原告方所出示的证据有无异议？

被告：我们认为原告求偿的损失与被告的诉讼行为没有因果关系。

原告诉讼代理人3：证据6房屋添附部分评估报告。

原告房屋添附部分进行了评估，得出房屋添附的价值为13万。

审判长：请法警将原告出示的证据提交法庭。请法警将证据交给被告。被告对原告方所出示的证据有无异议？

被告：有异议。首先对于涉案房屋的添附部分的赔偿已由XX市中级人民法院作出终审判决，判决书中的98 308元就包括了添附部分的价值，认为此项请求应属"一事不再理"。其次，评估报告是原告单独委托，认为其结论不公平。

审判长：原告对被告提出的异议有需要解释的吗？

原告：没有。

审判长：原告还有没有其他证据？

原告：没有。

审判长：被告有无证据要向法庭提供？

被告：有XX市XX区人民法院在xx与xx一般买卖合同纠纷一案的审理期间依法委托北京东华天业房地产评估有限公司出具的评估报告，证明了原告所提交的证据6不真实，不具有可采性。

审判长：请法警将被告出示的证据提交法庭。请法警将证据交给原告。原告对被告方所出示的证据有无异议？

原告：没有。

审判长：被告还有没有其他证据？

被告：没有。

审判长：下面出示由本庭依职权调查的证据。经原告申请，本院委托xxx房地产估价有限公司对涉案房屋宅基地区位价值进行了评估。下面我读2024年3月13日的评估报告，房地产市场价值为264 700元。请法警将证据交给原告与被告。

审判长：原告对此证据有无异议？

原告方：无异议。

审判长：被告方对此证据有无异议？

被告：没有异议。

审：经过法庭质证，本庭对以下证据予以认定：原告出示的证据1、证据2、证据3，被告出示的证据1。

审判长：原、被告在事实方面有无补充？

原告：没有。

被告：没有。

审判长：经过刚才的法庭调查，各方已经对争议的事实发表了充分的意见，各方当事人是否还有新的证据向法庭提供？

原告：没有。

被告：没有。

审判长：经过法庭调查，本庭对以下事实给予认定：2002年7月1日，原告xx与被告xx签订了房屋买卖协议。xx支付xx房屋及添附部分价款93 808元。

下面进行法庭辩论。

根据双方向法庭提交的起诉状、答辩状以及相关的证据材料，基于对事实的认定，本庭认为本案的争议焦点为：

1. 原被告在导致合同无效中需要承担责任的比重；
2. 被告是否应赔偿原告的经济损失及损失赔偿的具体内容。

原告对本庭归纳的争议焦点有无异议？

原告：没有异议。

审判长：被告对本庭归纳的争议焦点有无异议？

被告：没有异议。

审判长：根据《中华人民共和国民事诉讼法》第127条的规定。

审判长：下面进行法庭辩论，首先由原告及其诉讼代理人针对第一个争议焦点发表辩论意见。

原告：我方发表以下两点辩论意见：

1. 民事判决书中已明确指出出卖人在出卖时即明知其所出卖的房屋及宅基地属禁止流转范围,出卖多年后又以违法出售房屋为由主张合同无效,故出卖人应对合同无效承担主要责任。

审判长:现在由被告及其代理人发表辩论意见。

被告:我方针对原告方提出的辩论意见发表以下观点:

1. 我方坚持认为原告提到的判决书中的内容只是合议庭的建议性结论,不是对事实的认定。

2. 在房屋买卖协议签订时,原被告双方都明知农村宅基地及地上房屋属于禁止流转范围,即双方都有过错,因此让被告对合同无效承担主要责任是完全没有依据的。

审判长:被告有无新的辩论意见?

被告:没有。

审判长:原告有无新的辩论意见?

原告:没有。

审判长:下面对第二个争议焦点。首先由原告及其代理人发表辩论意见。

原告:我方主要有以下辩论意见:

原告的经济损失是信赖与被告之间的合同有效而遭受的损失,这些损失均因被告的缔约过失行为而产生,因此被告应该承担缔约过失责任,对原告的信赖利益损失进行赔偿。

审判长:现在由被告及其代理人发表辩论意见。

被告:1. 关于原告要求的13万元的附加物赔偿金,我方认为它属于"一事不再理"范围。

2. 原被告双方对合同无效均有过错,因此264 700元的损失应由双方共同承担。

3. 原告要求的8.8万元赔偿与被告的起诉行为没有直接因果关系。

审判长:被告有无新的辩论意见?

被告:没有。

审判长:原告有无新的辩论意见?

原告:没有。

当事人最后陈述

审判长：法庭辩论阶段结束。现在由双方当事人进行最后陈述。首先，请原告方作最后陈述。

原告：由于被告的反悔，我陷入了无休止的诉讼，我一直没有时间进行新的创作，不但没有任何经济来源还花费了2万多元诉讼费用。希望法庭支持我的诉讼请求，作出合理判决。

审判长：请被告方作最后陈述。

被告：我认为原告要求我赔偿的51.8万元实属不合情理，如此巨大的索要对于我这个农民来说简直就是天文数字。作为一个朴实且曾经法律意识淡薄的农民，我会因当年的错误行为对原告的某些经济损失承担一定的责任，但原告作为一名知识分子对国家的法律法规应该更清楚，她对此应承担主要责任。

审判长：根据《中华人民共和国民事诉讼法》第128条之规定，判决前能够调解的可以进行调解。原告，是否同意调解？

原告：不同意。

评议与宣判

审判长：由于原告不同意调解，本庭不再组织调解，合议庭需要对本案休庭十五分钟进行评议。

审判长：（敲击法槌后宣布）现在继续开庭。

经合议庭评议认为：考虑到xx作为出卖人在出卖时即明知其所出卖的房屋及宅基地属于我国法律禁止流转范围，其在出卖房屋多年后又以违法出售房屋为由主张合同无效，故其应对合同无效承担主要责任。

鉴于XX市中级人民法院已经对xx出售给xx的房屋作出过裁决，所以，合议庭认为，原告提出的要求被告赔偿买房后的附加物13万元属于"一事不再理"范围，合议庭不再进行审理。

综上所述，依据《中华人民共和国合同法》第五十八条之规定，现在进行宣判。

书记员：（全体起立）

一、被告xx赔偿原告xx损失十八万五千二百九十元，于本判决生效之日起七日内执行；

二、驳回原告xx的其他诉讼请求。

如果未按本判决指定的期间履行给付金钱义务，应当依照《中华人民共和国民事诉讼法》第二百六十条之规定，加倍支付迟延履行期间的债务利息。

评估费三千元，由原告 xx 负担一千五百元，由被告 xx 负担一千五百元，于本判决生效之日起七日内缴纳。

案件受理费八千五百元，由原告 xx 负担四千四百九十四元（已交纳四千二百五十元，其余二百四十四元于本判决生效之日起七日内交纳）；由被告 xx 负担四千零六元，于本判决生效之日起七日内交纳。

如不服本判决，可在判决书送达之日起十五日内，向本院递交上诉状，并按对方当事人的人数提出副本，交纳上诉案件受理费，上诉于 XX 市第二中级人民法院。

审判长：xx，审判员：xx

2024 年 5 月 10 日

审判长：坐下。

审判长：今天是口头宣判，原、被告及其诉讼代理人在 2024 年 5 月 12 日到本院民一庭领取民事判决书。当事人的上诉期从指定领取裁判文书期间届满之日的次日起开始计算，上诉期限为十五日。

审判长：根据《中华人民共和国民事诉讼法》第 133 条第 2 款、第 3 款之规定，法庭笔录当庭宣读或者由当事人自己阅读，如认为笔录无误应当签名盖章，拒绝签名盖章的，书记员记明情况附卷。

书记员：我已将法庭审理笔录的全部活动记入笔录，已经过审判员和书记员签名，当事人和其他诉讼参与人可以当庭或者在五日内阅读，当事人和其他诉讼参与人认为对自己的陈述记录有遗漏或者差错，有权申请补正。如果不予补正，应当将申请记录在案。

审判长：原告 xx 诉被告 xx 买卖合同纠纷一案现在闭庭（敲击法槌）。

书记员：全体起立，请审判长、审判员退庭。

角色分享

在法官及律师职业模拟的过程中会遇到许多意想不到的情况。经过法律工作者的专业指导,我们可以逐渐熟练起来,并取得一定的进步。在模拟过程中哪些地方是我们做得不错的?哪些地方还需要继续进步呢?反思交流,肯定自我的成长,认识到自身的不足,帮助自己更好地进步吧。

表 8-1 岗位模拟记录表

法务工作者模拟	时　间	
	地　点	
	小组成员	
	岗位模拟过程	
		除了文字还可以通过拍照、录像、录音等方式记录。
	目　的	
	岗位模拟效果	

角色反思

1. 关于"回避"

"是否申请审判组成人员回避？"

民事诉讼中的"回避"指的是为了保障案件的公正审理，法律规定与案件有一定利害关系和其他关系的审判人员不得参与本案审理的诉讼制度，此规定也适用于书记员、翻译人员、鉴定人、勘验人。是否申请回避是当事人一项极为重要的诉讼权利，当出现《民事诉讼法》所规定的审判人员是本案当事人或当事人、诉讼代理人近亲属的，与本案有利害关系的，与本案当事人、诉讼代理人有其他关系，可能影响对案件公正审理的或审判人员接受当事人、诉讼代理人请客送礼、违反规定会见当事人、诉讼代理人等情形的，当事人均有权要求用口头或书面方式申请审判人员回避并说明具体理由，在对被申请回避人员作出是否回避的决定前，应暂停其参与本案工作，除案件需要采取紧急措施外。若回避申请人对决定不服的，可以在接到决定时申请复议一次。

2. 关于"诉讼请求"

"下面进行法庭调查，原告方陈述你方的诉讼请求及事实理由。"

诉讼请求是指原告向法院提出的，要求法院予以判决的请求，比如确认权利、给付标的物等。陈述诉讼请求是法庭调查的第一步，也是法官对原告诉求的初步了解，但在审判实践中，会出现以下情况，影响庭审效率和诉求表达：

01　起诉状为别人代书，原告对"诉讼请求"到底是什么表述不清楚，一味叙述自己知道的事实，而非真实诉讼请求；

02　起诉书上的诉讼请求本身就不明确；

03　诉讼请求变来变去无法固定。为此，诉讼请求在内容和所涉及的范围上必须具体化且能够界定，否则便无实际意义。比如"甲欠我两千元"只是在陈述事实，而"请求法院判令甲归还我两千元"才能算是具体的诉讼请求，切勿将事实陈述和诉讼请求相混淆。同时，在该环节无需作过多与诉讼请求无关的事实陈述，而应侧重于诉讼请求本身，陈述与其相关的事实理由。

3. 关于"答辩意见"

"被告方发表答辩意见。"

答辩意见是被告就原告起诉状中陈述的诉讼请求、事实理由作出承认或否认的陈述及理由。通俗说，就是被告方对原告提出的诉讼请求的态度是什么，是同意还是不同意，相应的理由是什么。审判实践中，特别是家事纠纷中，通常会出现随意打断的情形，当原告在陈述诉讼请求的同时，有些被告认为原告陈述有误，就立刻打断原告发言。

在此提示您，法庭保障双方当事人发言的权利，但需在特定环节进行相应陈述。答辩意见需在答辩环节方能发表，双方当事人均不能随意打断对方发言。同陈述诉讼请求一样，答辩环节也无需过多赘述，而是注重答辩的针对性和概括性。答辩的形式可以书面或口头，既可在收到起诉状之日起15日内提交书面答辩状，也可以在参加开庭时当庭答辩。对于多个被告或第三人参与的诉讼，先由被告方逐一发表答辩意见，再由第三人发表陈述意见。

4. 关于"举证质证"

"下面进行举证质证，首先由原告方说明证据名称及证明目的。"

"被告方针对证据的真实性、合法性、关联性发表质证意见。"

举证质证是法庭调查的重要环节，是指双方当事人将准备的证据当庭出示，随后由对方发表质证意见的环节。举证质证的顺序是先原告举证被告质证，后被告举证原告质证。

举证方面，会遇到当事人问法官"你需要什么证据？"这是对举证的义务方存在错误理解导致的。法庭上，除需法院依职权调取的证据外，当事人应对自己的主张提供证据并加以证明，这既是当事人的一项诉讼权利，更是一项诉讼义务，故在开庭前若有证据提交，建议按照举证通知书上的要求提交符合法定形式的证据，并制作相应的证据目录，注明证据名称及证明目的。

质证方面，需要表明是否认可该证据，以及对证据是否真实、合法以及和本案有无关联性发表质证意见，同时在翻看证据原件时不能故意毁坏证据，否则将承担法律责任。

5. 关于"争议焦点"

争议焦点由人民法院根据当事人的诉讼请求、答辩意见以及证据交换的情况予以归纳，主要包括引起争议的事实、证据、法律规定、责任承担等。在法庭辩论环节，法官需要就归纳的争议焦点征求当事人意见，建议事先对案件事实、证据、法律适用情况进行梳理归纳，掌握案件焦点问题，避免在辩论环节偏离焦点辩论或重复发言。辩论的顺序为原告及其诉讼代理人发言、被告及其诉讼代理人答辩、第三人及其诉讼代理人发言或者答辩、互相辩论，辩论过程不得有谩骂、侮辱等扰乱法庭秩序的行为。法庭辩论终结，由审判长或独任审判员按照原告、被告、第三人的先后顺序征询各方最后意见。

6. 关于"签署笔录"

"开庭至此，核对笔录无误后签字。"

笔录是对庭审过程的书面记录。开庭结束后，当事人需要核对笔录中对于自己陈述的记载是否有遗漏或差错，若记载有误，则有权申请补正。需要注意的是，核对笔录只能对庭审中自己的发言进行核对，不能要求增加庭审中未发表的意见或改正对方发言。特别需要注意的是，在笔录更正时一定要事先申请，不能在笔录中乱涂乱画，得到法庭允许后才能修改笔录。核对无误后，当事人和其他诉讼参与人应在每一页笔录上签名或者盖章，如果拒绝签名盖章的，则审判员会将相应情况记录附卷。

庭审是一套专业化、秩序化的完整体系，如果参与诉讼，需要在庭审前充分准备，庭审中理性表达，同时遵守法庭秩序，维护诉讼权利。

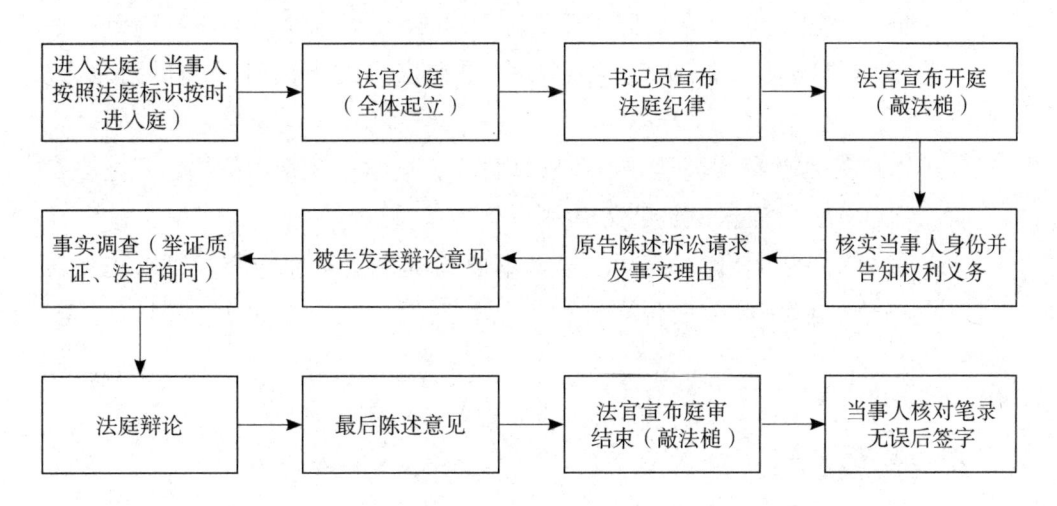

进入法庭（当事人按照法庭标识按时进入庭）→ 法官入庭（全体起立）→ 书记员宣布法庭纪律 → 法官宣布开庭（敲法槌）→ 核实当事人身份并告知权利义务 → 原告陈述诉讼请求及事实理由 → 被告发表辩论意见 → 事实调查（举证质证、法官询问）→ 法庭辩论 → 最后陈述意见 → 法官宣布庭审结束（敲法槌）→ 当事人核对笔录无误后签字

角色回顾

一、判断题（请在括号内填入对或错）

1. 完成统一祖国的大业是包括台湾同胞在内的全中国人民的神圣职责。（　　）
2. 中华人民共和国人民有受教育的权利和义务。（　　）
3. 营业性舞厅等不适宜未成年人活动的场所，有关主管部门和经营者应当采取措施，不得允许未成年人进入。（　　）
4. 违反了校纪，但我没有违反法律，学校对我没有办法进行处理，如果学校对我进行处理就违反了《中华人民共和国未成年人保护法》。（　　）
5. 《中华人民共和国未成年人保护法》都是规定保护未成年人权利的条款，是要求大人的，我们知道了也没用。（　　）
6. 当"我"独自在家时，要锁好防盗门，不要给陌生人开门，入夜开灯后要拉好窗帘；如果窃贼已进屋，没有发现"我"时，要迅速躲好，伺机逃走求救。（　　）
7. 我被人家抢过钱，所以我必须再从他人身上抢回来，这也是一种正当防卫的手段。（　　）
8. 同学在公共场合交谈时，千万不要将自己家地址、电话号码等一些具体情况大声说出来，更不要轻易把家里的电话号码告诉陌生人。（　　）
9. 李刚经常欺负我同学并把我同学打伤，同学让我帮助解决，我才去打了李刚，这应该说是见义勇为。（　　）
10. 放学路上遇到有人抢劫，尽量不要与其发生正面冲突，可以先把钱物给他们，然后报告老师、家长。同学们上下学最好结伴一起走。（　　）

参考答案：1—5：√ × √ × ×　6—10：√ × √ × √

二、选择题（单选）

11. 人民法院在受理债权人申请后，向债务人发出支付令的时间是（   ）。
    A. 7日	B. 10日
    C. 15日	D. 30日

12. 民事诉讼中，在诉讼权利义务承担的情况下，原当事人所实施的诉讼行为对承担诉讼权利义务的人（   ）。
    A. 一律发生效力
    B. 一律不发生效力
    C. 发生效力与否视具体情况而定
    D. 发生效力与否由人民法院决定

13. 本证与反证的划分标准是（   ）。
    A. 证据的来源	B. 证据与证明对象之间的关系
    C. 证据与证明责任的关系	D. 证据的内容和含义

14. 在诉讼过程中，一方当事人死亡时，需要等待继承人参加诉讼的，法院应当裁定诉讼（   ）。
    A. 终结	B. 中止
    C. 延期审理	D. 继续进行

15. 按照我国民事诉讼法的规定，无独立请求权的第三人不服一审判决的（   ）。
    A. 可以随一方当事人上诉，不能独立上诉
    B. 处于辅助当事人地位，不能上诉
    C. 可以作为上诉人提起上诉
    D. 第一审判决令其承担义务则可以上诉，否则不能上诉

16. 民事诉讼中作为一方当事人的原法人因合并而消灭的，由合并后法人参加诉讼，这是（   ）。

A. 变更当事人 　　　　B. 更换当事人
C. 诉讼权利义务的承担 　D. 追加当事人

参考答案：11—16：CACBDC

三、简答题

17. 一个诉讼案件完整的流程包括什么？

提示：一般来说，诉讼案件流程包括：起诉、审判、执行三个基本阶段。根据我国《民事诉讼法》的规定，人民法院应当保障当事人依照法律规定享有的起诉权利。符合起诉条件的，应当在七日内立案，并通知当事人；不符合起诉条件的，应当在七日内作出裁定书，不予受理；原告对裁定不服的，可以提起上诉。

第 9 课
参政议政：政协委员

角色担当：身边的劳动者

角色引语

"模拟政协"全称为"全国青少年模拟政协活动"，是一项由中国致公党中央教育委员会指导、安生教育科学研究院、全国青少年模拟政协活动组委会主办的全国青少年创新实践活动。这项活动以高中生为主体，其核心是通过模拟人民政协的提案形成过程，同时模拟和体验人民政协的组织形式、议事规则以了解和体会中国特色社会主义协商民主，旨在培养青少年的道路自信、理论自信、制度自信、文化自信；增强社会主义制度意识、社会责任意识、实践意识和创新意识；培养和提高青少年的四大素质能力——发现问题能力、分析问题能力、解决问题能力，以及合作交流的能力。

角色肖像

1. 模拟政协活动，包括组建社团、学习政协知识和模拟政协活动要求、选择课题、聘请指导老师，开展调查研究、撰写调查报告和提案、制作展示课件和参加集中展示等一系列活动环节。

请概括这些活动中包含了哪些角色，这些角色有哪些要求。

_____
_____
_____
_____

提示：

领导者：主要是对团队里的人进行指导和要求，来实现一个长期或是短期的目标，它的工作重点在人。

组织者：主要是对组织内部的人和物负责，负责它们之间的合理搭配，从而达到一个目的，或是完成一个任务。

沟通者：在合作的过程中，双方都能够进行友好的沟通，通过沟通解决未解决的问题，让合作变得更好，发展更加光明，有一个美好的未来。

学习者：指在各种教育活动中从事学习活动的人，是教育活动的对象和主体。学习者作为一个独立个体，有自己的主体需要和意识，在接受教育影响的同时，他们还具有将学习内容进行重组、创新的能力。

调查者：要求对客观情况进行考察了解，有问卷调查法、网络调查法、实地调查法、抽样调查法、统计调查法等。

研究者：对事物真相、性质、规律等进行无穷尽的积极探索，由不知变为知，由知少变为知多。

写作者：要求对某项工作、某个事件、某个问题，经过深入细致的调查后，将调查中收集到的材料加以系统整理、分析研究，以书面形式写出调查情况。

政协委员：政协章程规定，中国人民政治协商会议全国委员会由中国共产党、各民主党派、无党派人士、人民团体、各少数民族和各界的代表，香港特别行政区同胞、澳门特别行政区同胞、台湾同胞和归国侨胞的代表以及特别邀请的人士组成，设若干界别。

记者：从事采访、编写和报道的专业人员，要有新闻敏感性，有自己独特的观点和见解。

答辩者：要求即兴答复别人的提问，要有事先全面的准备和临场机智的发挥。

发言人：是政党、政府机关、社会团体任命或指定的专职或兼职新闻发布人员。

演讲者：面向听众发表自己的意见，阐述自己的观点，获得听众的支持。

评委：评选委员会委员的简称，要有政治敏锐性，要讲规矩，履行好评委职责；要有纪律意识，有大局观念。

界别身份：即划分、区别，政协设置文化艺术界、科技界、社科界、经济界、农业界、教育界、体育界、新闻出版界、医药卫生界、对外友好界、社会福利和社会保障界等多个界别。

2. 在2022年全国青少年模拟政协提案征集活动中，我校同学结合学习、生活、工作实际，围绕党和政府的重大战略部署，关注经济发展、社会治理、民生保障、文化事业、生态文明、青少年成长发展等领域，自主选择题目，深入实际开展社会观察、调查研究，形成了各领域提案作品。

请根据自己的理解写出下表各领域的提案作品标题。

表9-1 模拟政协提案作品标题

序 号	领 域	提案作品标题
1	城市交通	①
2	生命安全	②
3	校园文明	③
4	电动车	④
5	垃圾分类	⑤

示例：
①《关于城市校园门口交通拥堵问题的提案》
②《关于加强中学生生命安全教育的提案》
③《关于建设文明校园的提案》
④《关于未满十六周岁青少年骑电动车上路的提案》
⑤《关于推动垃圾分类的提案》

角色故事

最美政协人 ‖ 王雨：用行动播撒至善之雨

王雨，丽水市政协委员、莲都区政协委员，丽水市工商联副主席，浙江省国际商会理事，丽水市三八红旗手，浙江乾麟缝制设备、浙江实利电机有限公司总经理。

"好雨知时节，当春乃发生。"作为女企业家的王雨，在企业发展中勇于开拓创新，注重技术创新，大力推进节能降耗，把浙江乾麟缝制设备有限公司带上了科技创新发展之路，使公司成为行业内有影响力的知名企业。她大力主导企业转型升级，在公司建立博士后工作站，推出公司技术创新激励政策，走出技术创新引领企业发展的科技强企之路。多措并举提升企业内部品质管理，积极参与"军民融合"发展战略，公司通过国军标体系认证和国军标保密资格认证。企业先后获得"莲都区政府质量集体奖""丽水市政府质量集体奖"。

作为政协委员的王雨，坚持积极参与社会活动，关注社会热点，注重社情民意，先后提交多份高质量的大会提案和社情民意，促进了相关领域问题的有效解决。其中《关于探索小区物业管理标准化的建议》被列为市领导领办首推试点公开办理提案，直接推动了《丽水市物业管理条例》的立法；先后有四篇社情民意被全国、省政协录用。

王雨委员注重企业的社会效益。她积极主导公司"家"文化的氛围营造，在公司建立"小候鸟驿站"，每年暑假为外地员工来丽子女提供免费的托管，并聘请老师每天辅导、提供免费点心和书包等，解决了职工的后顾之忧。她积极参与社会公益事业，为四川省剑阁县开封中学捐赠课桌凳20余万。南明湖畔防洪堤捡烟头、莲都里东泥石流抢险现场、莲都区红十字会赈灾捐款现场，都留下了王雨委员美丽的身影。王雨先后被评为丽水市"优秀政协委员"、丽水市"三八红旗手"。[1]

§ 请阅读文章后回答下面的问题。

1. 说说你知道的丽水市优秀政协委员。

_____

_____

_____

2. 结合上述故事，说说一个优秀的政协委员需要具备哪些条件。

_____

---

[1] 中国人民政治协商会议丽水市委员会.最美政协人‖王雨：用行动播撒至善之雨［EB/OL］.（2022-02-21）［2024-08-12］.http://zx.lishui.gov.cn/art/2022/2/21/art_1229404517_18488.html.

角色担当：身边的劳动者

_____
_____
_____
_____

提示如下：

1. 请同学们在网上查询丽水第二届"最美政协人"相关资料，了解相关信息。

2. 优秀政协委员条件（参考）

① 拥护中国共产党的领导和社会主义事业，热爱祖国，维护民族团结和国家统一，遵守国家的宪法和法律。

② 积极参加县政协全委会和专委会、委员工作组和乡镇政协工作联络委员会组织的学习、协商民主、民主评议、专题调研、视察等活动，参加会议（活动）率须达90%以上。在政协会议和活动中踊跃发言，提出意见和建议。

③ 积极完成政协全委会、常委会会议、主席会议和有关工作会议布置的各项任务，自觉维护政协形象和履行委员职责。

④ 每年至少独立提交一件提案、反映一条社情民意。

⑤ 积极参与中心工作，在促进经济发展、招商引资、团结各界、扶贫济困、慈善捐赠、支持政协工作等事业中有突出贡献。

⑥ 爱岗敬业，扎实工作，在本职工作中取得了显著成绩。

角色榜样

2022年3月24—28日，杭州市人民政协十二届一次会议顺利召开。杭州高新区（滨江）侨界代表人士、隐士音响（杭州）有限公司CEO戴中天先生作为政协委员参加。戴中天是本届入选的最年轻的市政协委员。

人物介绍

戴中天 2006 年进入杭州外国语学校初中部就读，2012 年从本部高中毕业，留学美国加州大学洛杉矶分校。本科毕业后，他与父亲一起创办了隐士音响，并在美国师从两位 NASA 的老工程师学习音响设计与制造技术，学成归国后进行一系列的研发迭代和制造落地。隐士音响是中国第一家也是目前唯一一家高端音响自主品牌，是音响领域的超跑，打破了国外品牌在该领域的垄断，不仅在国内外高端音响展会上拔得头筹，也成功赢得了阿里巴巴创始人马云、世界发烧音响博物馆馆主李积回等重量级的客户，成为了中国音响界的骄傲。

戴中天说，原来在杭外的时候，深受历史特级教师朱建国老师的影响，立志从政，到美国留学的时候选择社会学专业，后来机缘巧合获得学习顶尖技术的机会，就转向走实业报国的路线，但始终不变的是那份家国情怀。现在入选政协，也算是圆了青年时的梦想，希望能够为杭州作些贡献。

虽然是新一届政协委员，但戴中天积极建言献策。在"亚运攻坚，城市品质提升"专题联组会议上，戴中天作为十五位发言委员之一，向时任杭州市委书记、市政协主席等领导汇报"关于举办亚运会海上丝绸之路专展的建言"。戴中天提出，该展有三大契合点：其一，共建"海上丝绸之路"的国家均为亚运会参会国，该展有助于提升中国和参会国传统友谊；其二，该展符合杭州宋韵文化城市品牌战略，有助于提升杭州城市形象；其三，"一带一路"大战略正是基于丝绸之路的历史背景提出的，该展有助于传达中国坚定不移和平发展、互利共赢的美好愿景。最后，戴中天就如何举办专展提供了自己的建议。与会领导高度评价了发言委员们的建言，指出"所提的意见建议简练、务实、高效，听了很受启发"。

经过精心准备，戴中天还向大会递交了《将杭州打造成为民族高端品牌之都》的提案，建议杭州市支持中国自主的民族高端品牌发展，打破国外品牌在该领域垄断的现状，助力共同富裕，保存国民财富，建立文化自信，促进经济增长，并根据自己的经验提供了一系列建议举措。戴中天认为，和单纯的高端制造不同，高端品牌或者说我们通常称为奢侈品的品牌非常需要与文化相结合，而"上有天堂，下有苏杭"，杭州自古以来就代表着高品质生活。作为一个有历史积淀、有产业基础、有人才储备、有民间资本、有创业氛围的城市，杭州在打造民族高端品牌方面具有得天独厚的优势，如果提前布局得当，能带来很大的发展机遇。戴中天的提案受到了市政协提案委的高度认可和重视，并予立案。

角色担当：身边的劳动者

戴中天说，能够有这些想法，和之前在杭外参加模拟联合国的经历分不开。在模拟联合国中，每个学生都扮演某个国家的代表，就一个议题以该国的立场递交提案并进行发言。作为热心政治的学生，戴中天积极参加模联活动，还曾作为队长率领杭外代表团参加荷兰海牙举办的国际模联大会。因此，当来到政协的场合，他又找到了熟悉的感觉，一点都不怯场。值得一提的是，也是因为参加模联，戴中天认识了一位杭外学妹，现在是他的太太。杭外人"内部消化"特别多，因为气质相近、意气相投，所以也容易琴瑟和鸣。

此次戴中天先生入选杭州市政协委员，不仅是其个人的荣誉，也是杭外多年来致力于"有家国情怀、有全球视野、有深厚素养的复合型预备英才"培养的成就。我们希望，未来有更多像戴中天这样的海外留学归国人才，积极参政议政，为国家和民族实现伟大复兴多建言献策，更多更好地贡献统战力量。[1]

§ 请阅读文章后回答下面的问题。

1. 了解最年轻的杭州市政协委员戴中天的事迹后，谈谈启示。

_____
_____
_____
_____

2. 假如将来你是一名从政人员，你准备如何规划自己的发展道路？

_____
_____
_____
_____
_____

---

[1] 杭州外国语学校.校友故事丨戴中天：最年轻的杭州市政协委员，家国情怀始终如一[EB/OL].（2022-04-27）[2024-07-31]. https://mp.weixin.qq.com/s/4lI3CxdaQcsvGDYuFYK-5Q.

角色本领

为了更好地开展模拟政协活动，请走进"全国青少年模拟政协活动"，通过网络查询完成下列表格内容。

表9-2　全国青少年模拟政协活动表

序号	项目	内容	
1	宗旨	①	
2	目的	②	
3	对象	③	
4	内容	④	⑤
		⑥	⑦
		⑧	⑨
		⑩	⑪
		⑫	⑬
5	阶段	⑭	⑮
		⑯	⑰

提示：

① 立德树人、励志笃学、技能拓展、实践创新。

② 通过参与模拟政协活动，提升青少年的社会责任感、公民意识和参与意识，在涉及民生的公共政策问题的寻找和改变的过程中关注民生、关注社会；通过参与提案形成的全过程，有组织、有目的地学习和掌握所需的各种调查、分析、研究、展示演说和辩论的知识和能力；通过规范的活动流程体验中国特色的民主协商的政治制度；在对话政策、对话同伴、对话政要的过程中了解政策制定和完善的过程；通过团队合作的形式，在确定选题、调查研究、撰写提案、听证辩论过程中分享个人的创意和团队的智慧。

③ 全校学生
④ 学习知识
⑤ 了解人民政协的有关知识：包括人民政协的历史，人民政协的组织机构，人民政协的作用，政协委员的产生，政协委员的权利与义务，人民政协的界别划分，协商民主的概念，中国政治制度的特色，提案的意义，提案的撰写规范等；学习模拟政协活动的有关知识，包括活动意义、组织形式、活动内容、活动流程等。
⑥ 确立选题
⑦ 议题的确立是提案工作的首要环节，选题的质量决定提案的价值。对于中学生而言，议题范围宜从身边的人和事着手，以民生问题为重点，以促进社会进步为目的。在当地政协委员、专家或教师的指导下，通过分析比较、团队研讨，在若干议题中筛选出最有价值的议题。
⑧ 调查研究
⑨ 调查研究过程既是形成提案的关键和核心，也是整个活动中最重要的社会实践过程。要遵循调查研究的基本原则，学习调查研究的基本方法，能根据不同的议题，制定适切的调查研究方案，运用正确的方式方法，获取所需要的资料，并对资料进行分析、整理，撰写调查报告。深入、扎实的调查研究工作，是形成一份高质量提案的重要基础。
⑩ 撰写提案
⑪ 按照人民政协提案的撰写要求，一份好的提案，应具有选题的针对性、内容的科学性、实践的可行性，行文格式、书写样式、字数要符合规范。特别是要写好具体的建议，建议部分集中反映了提案的目的，也体现着提案献计献策的水平。
⑫ 集中展示
⑬ 这是模拟政协活动特有的环节。各提案小组在大会上陈述提案的过程中，可发表演讲，展示视频；由专家和老师组成的评委针对提案提问；提案小组通过多种方式回答评委提出的各类问题，进行答辩；最终评委作出评价，并评选出本届活动的优秀提案。从中产生的最佳提案将通过大会组委会、致公党中央正式递交政协领导，并提交全国政协会议。这一环节既是对各小组调研成果的全面检验，也是提案小组个人和团队风采的展示。这一环节，可有效地培养学生的演讲、辩论、人际沟通等多方面能力。
⑭ 活动开展阶段（前一年10月到当年7月前后）
⑮ 各省市参与学校确定校方负责人及指导老师、组建模拟政协校内学生社团；指导老师与学生参加相关学习；确定界别身份，组建提案小组；发现问题商定议题、制订调研计划；全面实施社会调研；撰写调研报告及提案等，并分别进行省市地区展示。
⑯ 全国展示阶段（当年8月前后）
⑰ 通过借鉴人民政协会议发言和书面发言、界别小组讨论、新闻发布、视频展示、材料展示、问题答辩等形式，对全国各代表团所形成的提案进行展示和评选，最佳提案将通过大会组委会、致公党中央及其他途径提交全国政协。

角色实践

2019年8月5日至9日，第六届全国青少年模拟政协活动在江苏省常州市举行。活动期间，来自全国77所学校的600多名学生带着82份提案相互交流、相互学习，各展青春风采。

丽中学子对中国现阶段的养老问题进行了分析，因此想出了推行带薪养老护理假这一措施，从而提出了《关于推行养老护理假的提案》，并获得了"最佳提案"的称号。丽水中学模拟政协小组同时获得了"优秀社团"和"优秀团队"两大荣誉。

为深入研究课题，丽水中学模拟政协小组成员前往丽水各养老院，与老人和护工进行初步的交谈，发现他们之中大部分会对长期单调的生活感到索然无味，老人们会时常渴望子女的看望，但碍于现实，认为子女一个月来照看他们一次便足以使他们心满意足。老人们的子女大多忙于工作或是学习，没有充裕的时间去照料老人。他们还向护工们咨询了关于养老假的看法，获得了一些思路。此前，他们向丽水市六所中学在校学生发放问卷1 000份，收回有效问卷586份，通过网络途径，针对中年存在抚养义务群体展开调查，收回有效问卷327份。

图9-1　代表队集中展示（图片由学校提供）

在常州为期四天的活动中，丽水中学代表队借鉴人民政协会议界别小组讨论、新闻发布会、视频材料展示、问题答辩等形式，对所形成的提案进行集中展示。代表队成员1人获"最佳风采个人"奖，1人获"优秀模拟记者"称号，4人获"优秀模拟政协委员"称号，1人获"优秀新闻发言人"称号。[1]

请依托你所在的社团，动员同学关注经济发展、社会治理、民生保障、文化事业、生态文明、青少年成长发展等领域，自主选题，组织社团成员开展调查研究，撰写提案作品，并模拟展示，体验模拟政协过程。

角色分享

以下是2019年参赛的丽水中学代表队成员分享的感想。

单同学：

初次接到加入模拟政协工作组的邀请时，我只把这当作一个认识外面世界的机会，当时的我根本没有也来不及去想我们的努力会换来什么结果。比赛的准备时间很紧，记得那段时间，既要准备学考，又要忙于复习期末考，身体也时常抱恙，政协的各项工作却一点都来不及耽搁。每天连轴转一般地工作、学习，每分每秒都在崩溃的边缘，我告诉自己要坚持下去。然而现在回头看那段日子，却倍感温馨——我们所经历的一切，都不是一个人在承受。真正加入全国青少年模拟政协则是另一番感受，面对五湖四海的优秀学生，心中难免有自卑和胆怯，我害怕自己不够出众，害怕自己辜负整个团队的信任。值得庆幸的是，模政的温暖和包容始终在鼓励着我们。可以这么说，丽中模拟政协团队今天所获得的荣誉，既是我们成员之间互相成就的结果，也是不同地区不同学校思想交流、碰撞的结果。我不会忘记模拟新闻发布会前一夜自己心中强烈的自卑感，也不会忘记新闻发布会开始前队员的鼓励与支持。发言前的怯懦是真实

---

[1] 浙江省丽水中学.青年有担当，国家有未来——丽中学子在第六届全国青少年模拟政协中取得佳绩[EB/OL].（2019-08-14）[2024-08-12].https://mp.weixin.qq.com/s/z0Xf5il5HSGGxiR6t7hnzg.

的，发言时的坚定与自信也是真实的，我站在那儿，明白自己所代表的是整个丽水中学模拟政协的荣誉。PPT展示的那天，我在台下看着共同努力了四个月的伙伴们在台上讲演的身影，突然觉得一切离我很远，我好像又回到了接到邀请通知的那一天。回想过去六个人窝在生涯教室写提案、查资料的无数个晚自习，回想起为了晚上的工作任务提前做完作业一个又一个没有休息的课间，眼前又是6个伙伴讨论、争论的场景，我明白一切辛苦都是值得的。在模政的五天，我接触了各个学校的优秀学生，认识了青春更美好的可能，与很多很多优秀的人结下了深刻的"革命友谊"。非常感谢这次机会，让我能有勇气走出自己的舒适圈，去挑战自己，也很感谢学校的指导老师和与我始终同心协力的五位伙伴，在各个方面都给予我极大的帮助。能认识大家，与大家共事，是我的荣幸。

刘同学：

从开始的小组组队去寻找问题确定调研方向，到最终我们形成提案，整个过程离不开小组里每一个人的努力，在模拟政协的舞台，我们每一个人都在表现自己的特点，展现自身的风采，在模拟新闻发布会、界别小组讨论等比赛活动中，我们能清楚感受到政协的庄重，我在这个舞台上，学会了实践、学会了理性、学会了合作。但模政带给我的远不止这些，它教会我关心天下事，用自身的力量去关注改善民生问题，在日后生活中，我也会用一种积极的态度去面对困难，让自己不断进步，将模政的精神永远保留在心中。我也很喜欢和小组每个人一起讨论问题、解决问题的感觉，小组每个人在合作的同时释放自己的个性，每个人在这个过程中都有着长足的进步。我是一个很不自信的人，从刚开始的胆怯，到现在自如地表达自己的想法，不得不说，这个小组给我的力量真的特别大。在比赛过程中，和很多学校优秀的人一起交流，我清楚地感觉到了自己和他们的差距，发现了自己需要进步的地方，这是一个舞台，也是一个挑战。政协是一个每个人都要了解的，我觉得越来越多的人应该积极关注民生民事，通过参政议政等方式为国家的进步提出自己的建议。

张同学：

参与此次的模拟政协活动，我们关注民生、关注社会的社会责任感、公民意识和参与意识得以提升。通过参与提案形成的全过程，我们有组织、有目的地学习和掌握所需的各种调查、分析、研究、展示演说和辩论的知识和能力；

通过规范的活动流程体验中国特色社会主义协商民主；在对话政策、对话同伴、对话政要的过程中了解政策制定和完善的过程；通过团队合作的形式，在确定选题、调查研究、撰写提案、听证辩论过程中分享个人的创意和团队的智慧，提升个人能力和团队凝聚力。

挟泰山以超北海，语人曰："我不能。"是诚不能也。为长者折枝，语人曰："我不能。"是不为也，非不能也。

为长者折枝，我们正在行动。

在PPT展示与答辩的过程中，我们既锻炼了自己的台风和表达能力，提高了演讲水平，又进一步地加深了对提案的理解，发现了提案中的问题与漏洞，提出了更加完善的提案。

吴同学：

迈出偏居的一隅，共话天下之英才。在会场上逐鹿群雄，深感鄙人才疏学浅，坐井观天。然而，发现他人强大之余，我们的境界亦得到了升华。在与神州大地诸多青年才俊接触交流的过程中，我们不仅认识了许多才艺兼备的同学，也从他们身上学到了许多我们不具备的优秀品质。一个个小委员相互研讨，一份份提案在日夜不绝的讨论声中日臻完善。整个场中洋溢着全体人员的热情，由此看出小委员们心系国事的恳切之心，以及指导老师与工作人员们的尽心尽责。这是全国青少年的一场政治盛宴，这是巨龙翱翔腾飞之时日益强健的臂膀！

叶同学：

近四个月的模拟政协之行在重新踏上丽水土地的那一刻终于结束了。不舍之余，只得叹时光之须臾，望前方之无穷。

这个夏天，我们带着凝聚了我们对社会的深入思考的提案走进了江苏省常州高级中学的校园。通过这个平台，我们不仅很好地展示了自己的风采，还真正在实践中深切体会到作为国家政治生活中的一分子所能发挥出的巨大能量。丽中模拟政协小组在时间和可利用资源都相对较少的情况下拿出了一份经过深刻探讨的提案，我认为这是非常了不起的。

在模拟政协活动中，我不但结识了来自五湖四海的朋友，开阔了眼界，丰富了阅历，也明白了外面的世界真的很大，努力才能与那些优秀的人并肩，与梦想的生活相拥。

说句实话，我很享受撰写提案给我带来的为社会、为国家贡献力量的自豪感。那些风雨交加写提案的夜晚、那些思维激情碰撞的午后，都将我们团结在一个共同的目标——思考国计民生，给出我们的解决方案上。

我从大家身上学到了很多，不论是思维上的补充、勇气上的鼓劲还是精神上的激励，对我的意义都是无法用语言来形容，无法用物质来量化的。

我想对丽中模拟政协的同学们说：很荣幸，能与你们共事！

很多人都会问一个问题：中国的未来是什么样子？这个问题的答案，到底该去问谁？

我想说，我们青年就是中国的未来。

试问，还能有谁能比这些有理想、有本领、有担当的年轻人更能胜任实现中华民族伟大复兴的任务呢？"伟大复兴"不是一句空话，它是一个任务、一个梦想、一份使命。

祖国的花朵们，也终有一天要蜕变成参天大树，撑起这个国家的天。

诚然，这是一个伟大的时代，但那样的美好未来是不会自己发生的，一切都只能经由我们的双手来开创。请让我们一起展望泱泱华夏的明日，各位，让我们不忘初心，砥砺前行，通过自己的努力，放飞青春梦，实现中国梦！

祝我们的模拟政协活动越办越好，祝我们的祖国繁荣昌盛！

叶同学：

能参加模拟政协是一场意外，也是必然。前期的准备时间很短，我们经历了从制定到否定、从否定到重做，如此反复的过程。第一次和团队一起出远门比赛很是兴奋，但也很紧张，因为不清楚那些队伍的实力。白天比赛，晚上备战，空闲之余和队友们逛街玩乐，每一天都过得充实又快乐。台下的紧张在台上便消失殆尽，想获胜的心理鼓舞我们前进。面对着评委和其他队伍烂熟于心的提案仍然有些许慌乱，当评委老师对我们提问的时候，队员们积极回答并且毫不畏惧。每一场比赛我们都用尽全力发挥出我们的实力，没有遗憾。来到模拟政协比赛是如此幸运，不仅提升了自己的能力，学会在团队中齐心协力又能发挥出自己的特点，还结交了一堆朋友，发扬了爱国情怀。

刚开始，我跟几位队友也不是很熟，但在共同工作努力的几个月里，我们碰撞思想，擦出火花，完成了一个人所不能完成的任务。准备的几个月，比赛的四天，我记住的不仅有荣誉，还有那每一分每一秒的快乐。记得每一次聚餐时大家的微笑，记得每一次讨论时大家紧锁的眉头。我们一起笑过、抱怨过，一起经历大风大浪。很有幸能在这样的年华里遇见他们，在最好的青春里，没有杂念地携手共做一件事。即使我们终将远行，但必会有一条线将我们连在一起，不管什么时候，我们都在对方身边。

人生路漫漫，道阻且长，模拟政协，我们正在行动！

图9-2　丽水中学代表队合照（图片由学校提供）

指导老师寄语：

人人都会老，家家都有老。养老敬老亲老是一个多么有温度的主题！比赛现场一个又一个的奖项，是对同学们这份责任和担当的肯定和鼓励，是对同学们努力和付出的回应和褒奖。作为一次实践性活动，大家学习之余不断付出，放假期间精心准备，比赛现场执着发挥，无论是协调组织能力、沟通交流能力、动手实践能力、心理承受能力等都是一次特殊的生涯之旅，或许还有很多需要改进的地方，但大家已经行走在从不完美走向完美的成长之路上，收获满满。[1]

---

[1] 浙江省丽水中学.青年有担当，国家有未来——丽中学子在第六届全国青少年模拟政协中取得佳绩［EB/OL］.（2019-08-14）［2024-08-12］.https://mp.weixin.qq.com/s/z0Xf5iI5HSGGxiR6t7hnzg.

请你结合上一个环节的模拟政协实践过程，写一写自己的体会。

_____

_____

_____

角色反思

1. 利用班团课，在本班开展各社团的模拟政协展示活动，并请各社团代表谈谈各展示活动的优点与改进点，并给各展示活动打分，评比出一、二、三等奖。

表9-3 模拟政协展示活动评价表

组别	优点	改进点	评价代表
第一组			
第二组			
第三组			
第四组			
第五组			

评比标准参考：

代表队作品需意义深刻，积极向上，体现务实精神，不空谈漫谈，贴近实际，言之有据，建议具体。强化不调研不提案，做到一事一案、实事求是、条理清晰、表述准确、针对性强，有情况、有分析、有建议，具备严肃性、科学性、可行性和前瞻性。

2. 将本次班团课的模拟政协展示活动分享到班级群，并撰写活动微文在校公众号发表。

第六单元

逆行勇士——社会保卫者

  逆行者是对英雄的称呼，是指在困难面前逆向而行的人，他们默默无闻，为人们无私奉献，不求回报，值得每一个人钦佩。2015年8月12日晚，中国天津滨海新区发生危险品仓库爆炸事故，消防员第一时间冒着险情逆行进入火场，他们也因此被称作"世界上最帅的逆行者们"。2020年11月8日，逆行者被《青年文摘》评选为"2020十大网络热词"；2020年12月4日，"逆行者"入选《咬文嚼字》2020年度十大流行语，同时入选国家语言资源监测与研究中心发布的2020年度十大流行语。

  英雄是拥有一颗不凡之心的普通人。每个时代，都有英雄。当灾难来临时，正是这些普通人挺身而出，用血肉之躯筑成钢铁长城，以最美逆行奏响生命之歌，让我们看到了胜利的希望，坚定了必胜的信念。

本单元从消防员与交通警察两个不同类型的逆行英雄的日常入手，介绍他们所需要的职业道德与职业操守；专业的救援与道路指挥职业技能；强烈的责任心与使命感，具体工作中所需要的坚持与毅力；良好的沟通能力与人际关系的处理能力等。

通过对消防工作者与交通警察角色肖像以及普通平凡的一天工作的描述，向同学们真实地展示他们工作的性质与特点。教材中提供的一些相关的消防和交通安全知识以及相应的动手实践的练习与活动，既能丰富同学们的专业知识与意识，又能锻炼动手操作能力，同时可以提升劳动意识、理解劳动的价值与意义，为规划自己的职业提供一定的指引。

第 10 课
烈火英雄：消防员

角色引语

消防员，政府或民间团体所成立的救灾救人团体成员，社会职业。消防员职责主要有消灭火灾、抢救灾害、消防安全设施稽查与消防安全知识宣传等，同时也参与救护工作（如道路救援、救护车救援）、为民服务（如清除野生动物、消除安全隐患）、自来水公司安全水源检查、内部勤务（接线、文书）等工作。消防员，是人民安全的守护者，是和平年代离我们最近的英雄。

角色肖像

2019年的春天，四川省凉山州木里县森林中的一棵老树，因雷击爆燃。因当地是贫困县，森林是农户主要的经济来源，另外，倘若山火蔓延，散落在深山里的村落，村民难逃灭顶之灾。情急之下，一队消防员第一时间冲向灾区，徒步七个小时，抵达海拔3 800米左右的山谷。谁知转场途中，风向忽然改变，山火爆燃，30名救火英雄瞬间被火舌吞噬，葬身火海。牺牲队员中，年纪最小的是00后王佛军，出行前，他发布了一条朋友圈：来，赌命。经验丰富的他们，比任何人都知道此行凶险，但毅然前行。一年后的同一时间，凉山州西昌市发生森林火灾，浓烟滚滚如浪，火势直逼城区。火灾不远处，有两处加油站和一座学校，一旦着火，势必伤亡惨重。上一场灾难的阴影，还未从人们心里拂去，但他们再次出征，为守护一方百姓，向烈火宣战。不幸的是，由于火场风向突变，参与火灾扑救的21人中，19人牺牲、3人受伤。被烧焦的尸体，面目全非，难以辨认，必须由法医进行DNA检验，才能明确身份。

2021年11月，一则改编自真实故事的消防员救女童的视频感动了许多人。他是广西玉林消防支队名山中队政治指导员杨科璋。当时烟雾太大，杨科璋抱住2岁女童转移时从5楼踩空坠楼，却没有张开双臂。战友找到他时，用力才把他的手打开。大火被扑灭后，人们看到小女孩安然无恙，杨科璋却永远留在了27岁。他留给人间的最后一句话是："大姐，我救你女儿出去，你放心。"

  2022年6月13日，浙江杭州临平火灾中牺牲的消防员毛景荣、刘泽军的遗体告别仪式在临平区殡仪馆举行。不少民众冒雨赶来，为英雄送行。毛景荣年仅29岁，刘泽军年仅20岁。应急管理部政治部批准毛景荣、刘泽军为烈士，并追记一等功。"目前火势已被压制，这里的搜救通道我比你们更清楚，刚才我已经在这里搜救过了，里面现在可能还有失联人员，得快点进去，再确认一下。"毛景荣跟水枪手周祖俊说道。让人痛心的是，毛景荣牺牲时，刚登记结婚才满3个月，但在第三次搜救过程中，现场突然发生意外，毛景荣受伤失联，后被救出送医，抢救无效壮烈牺牲。2019年，刘泽军加入钱江消防救援站，成为一名政府专职消防员。一开始，外号"小胖"的他，由于身体素质一般，在考核中常常名列队内倒数，加之年纪全队最小，出于关心保护的角度，队内便让其先担任给养员。由于从小就怀揣英雄梦想，他常常把队站干部堵在办公室门口要求换岗，"不握水枪，握菜篮，我算当哪门子的消防员"。而队部领导每次答复他的便是"只要你综合成绩超过队内平均，我们就给你换岗"。于是，为了提高训练成绩，别人徒手他负重，别人一遍他三遍，刘泽军时常利用中午和晚上的休息时间给自己加练，正是通过这种孜孜不倦的努力，一年里成功减重30斤。终于，在2020年10月全队组织的岗位练兵考核中，刘泽军超过了队内平均成绩，从给养员正式成为了战斗员。而2022年6月9日，成了刘泽军的最后一次战斗。

  电影《救火英雄》里，一位消防员说出了许多消防员的心声："我们救的不是火，是人，是生命。我很清楚指令，也明白做消防员，不该一命换一命。我们只是希望，能救一个是一个。"消防员是我们平凡生活里最有力量感的后盾。他们闯火海、踏洪流，冒着一去不复返的风险，只为护你平安。你永远可以相信消防员：他们可以救援花式被卡的小学生，可以替你摘除比篮球还大的马蜂窝，也可以替你取下嵌到肉里的戒指、摘不下来的手镯。他们会因为小学生的电话出警，救一只被困在排气井的小猫。

  他们救黎民于水火，解百姓于倒悬，却很少被人看见。在千万人的洪流里，他们在逆向，奔向未知的危险情境，留下背后的安宁，撑起一道道屏障。他们忠诚可靠，服务人民，竭诚奉献。

角色担当：身边的劳动者

图 10-1　消防员的工作场景（图片来源：视觉中国）

1. 根据上图，说说消防员的工作内容。

2. 消防员面对火灾时的优势与不足有哪些？

3. 你对消防员这个职业的印象与看法是什么？

角色故事

在我们的印象中，消防员的身影总是出现于火灾等紧急情况中，保护着人民的生命和财产安全，我们亲切地称他们为"蓝朋友"，赋予他们"烈火英雄"的赞誉。在消防员应对社会突发状况，实施紧急救援的背后，他们的一天是怎样度过的呢？

首先我们要明白，意外随时都可能发生，消防员需要在接到通知的第一时间出动，所以即使他们所处的消防队离家很近，也很少回家，基本上都是住在消防队的。

早晨六点，铃声响起，消防员们有十分钟起床与洗漱的时间。相比于我们起床时候的磨磨蹭蹭、迷迷糊糊，他们可谓是雷厉风行了。快速整理完自己之后，消防员们就要到宿舍楼下集合，开始每天的早操活动。早操的时间大概是30分钟，在早操中，消防员首先需要做身体拉伸，然后再列队跑三公里。

七点左右，早操结束，消防员返回宿舍整理内务。消防员的内务完全是按照军营中的标准，物品摆放整齐，被子叠成四四方方的豆腐块，相信每一个经历过军训的同学都知道折叠成"豆腐被"的艰难，而这，是消防员们最日常的生活内务标准。

早上七点半，消防员们吃早餐，所谓一日之计在于晨，消防队的早餐要求营养均衡，必备的有鸡蛋、牛奶等高蛋白的食物，也少不了馒头等常见的果腹良器，只有这样才能保证消防员一上午的体能消耗。听我一个当过兵的朋友描述，部队里的馒头是又大又香的，她一顿能吃七八个。所以即使是在每天的高强度训练强压下，我们也能见到一些"胖子"。

八点之前，消防员要结束早餐，以消防队各个战斗班为单位，开始每天的例行早会。早会内容主要包括安排当日的训练科目，发布一些通知等事项。通常情况下，早会的时间都会控制在十分钟之内，每日例行早会过后，消防员们首先会用二十分钟左右的时间，检查车辆等消防设施，因为从某种意义上来讲，消防车和消防设施就是消防员的战友，必须要保证车辆不会出现任何问题，才能不影响救援。八点半左右，车辆检查完毕。从这时起，消防员新的一天才算开始。

如果是驻防消防员，他们还需要穿戴好沉重的装备，结队开始巡护，以及清理可燃物。即使是外出，指战员们也无暇观看巍峨的雪山等绝美的风景，他们眼里只有枯枝、倒木等可能存在安全隐患的每一处细节。他们要做的就是不放过每一点隐患，清理干净每一处可燃物，将火灾消灭于未"燃"。

九点的时候，开始上午的体能训练，负重跑、翻轮胎、俯卧撑等都是他们的日常训练科目，目的是增强体能。因为消防员每次出警都要穿戴重达几十公斤的作战服，还要在火场上对被困人员实施救援，这是非常耗费体力的，所以说，一个好的体魄，才是消防员实施救援的前提。

中午十一点半，上午的体能训练结束，开始今日午餐。午餐非常丰盛，通常情况下都是四菜一汤。为了增强消防队员的集体荣誉感，午餐前，全体消防员都会进行军歌大合唱。

消防队的中午十二点半，队员们就要开始午休了，而午休的时间也是不固定的，夏季的午休时间为两个小时，冬季为一个小时。

下午两点半，消防员就会进行专业救援技能训练，主要有高空绳索速降、背假人、规定时间穿戴作战服、水带连接等项目。特别是穿戴作战服这一环节，一名合格的消防员，穿戴整套作战服的时间不能超过一分半。这个时间对于我们普通人来说，可能根本干不了什么事，但是在消防员眼中，每一分每一秒都要尽力争取，因为准备工作花费的时间越短，就能更快地赶往救援地，多一分救援成功的希望。过硬的体能素质是执行应急救援任务的基础，"5公里跑、单双杠、100米冲刺……"消防员们在你追我赶、挥汗如雨的浓厚氛围中不断寻找差距，补齐短板。

晚上六点，一天的训练结束后，消防员们开始享用晚餐，晚餐过后到晚上十点熄灯前，只要没有出警任务，消防员们就可以自由活动，但是不能离开营区，因为随时都有可能出任务。

没有任务的一天，消防队员们就这样在检查、训练和学习中度过，白天他们要进行紧张的工作、训练，夜晚依旧坚守在岗位上，守护身旁的万家灯火。他们生来平凡，却在别人的生命中留下不平凡的身影。

在和平年代，虽然大多数人已经远离了战火硝烟，过上了平静安详的生活，但是俗话说"水火无情"，即使在和平的年代，也一样会有洪水、火灾等各种灾祸的发生，而我们的消防战士，无论什么时代，都要时刻准备着迎接生与死的考验，这是消防这个特殊部门所承担的责任。①

　　分析：消防员工作很重要。消防员的工作就是抢险救灾。火灾发生时，消防员要组织灭火；暴雨发生时，消防员要救助被困群众；洪水发生时，消防员要参与救援；群众发生危险时，仍然有消防员的身影。消防员，就是尽快消灭灾情，将财产损失降到最低；就是及时救出被困人员，将人员伤亡降到最低。用自己的行动保护人民群众的生命财产安全。消防员工作很危险，在大灾大难面前，普通群众是逃离危险，转向安全地带，不让自己的生命受到威胁，但是，消防员却是迎着灾难走。火场里，他们义无反顾地冲进去，寻找、解救被困人员，遇到生命垂危的人，他们主动将氧气瓶让给他们，将危险留给自己。总体来说，消防员的工作，是最危险的，他们的工作就是与危险搏斗，与死神较量。消防员的工作让人敬佩。消防员工作非常辛苦，经常处于备勤备战状态，他们的工作方式一般是工作24小时，休息一天。在遇到特殊时期，就像"利奇马"台风入境期间，是全员在岗，全部备勤。消防员的工资待遇比较好，除五险一金等社会保险外，单位一般都给消防员投保了高额的人身意外保险，以防万一。他们是非常值得尊敬的，社会认可度非常高的职业。

1. 通过阅读消防员一天工作内容，你认为消防员的哪些品质值得学习？

_____

_____

_____

_____

---

① 陈艳萍，史雨轩.他们枕戈待旦　守护万家平安［EB/OL］.（2023-11-09）［2024-08-12］.https://www.ncnews.com.cn/xwzx/ncxw/zhxw/202311/t20231109_2016581.html.

2. 如果你希望将来成为一名消防员，高中阶段需要为此做什么准备？

角色本领

消防器材是指用于灭火、防火以及火灾事故的器材，存在于许多公共场所、住宅中。消防器材关乎着我们的生命安全，我们需要了解常见的消防器材有哪些。

消防器材分为灭火器材和逃生器材。常用的灭火器材有消防栓、灭火器、灭火毯；逃生工具有过滤式消防自救呼吸器（防烟面具）、高层逃生缓降器等。

消防栓包括室内消火栓系统和室外消火栓系统。室内消火栓系统包括室内消火栓、水带、水枪。室外消火栓包括地上和地下两大类。正常我们接触到的都是室内的，操作消防栓至少需要两个人，因为水压太大，需要一个人拼接好消防带之后将喷头拖至火场，另一个人再打开水阀，否则水压过大会把消防带冲飞；消防器材还包括报警器，如家用的可燃气体报警器，多功能声光报警手电筒等。像一些消防斧、消防靴之类的专业装备极少用到，不作赘述。这里主要讲一下灭火器。

灭火器材中最常用的是灭火器，灭火器是一种可由人力移动的轻便灭火器具，它能在其内部压力作用下，将所充装的灭火剂喷出，用来扑救火灾。我国现行的国家标准将灭火器分为手提式灭火器（总重量不大于 20 kg）和车推式灭火器（总重量不大于 40 kg 以上）。

1. 灭火器种类繁多，其适用范围也有所不同，只有正确选择灭火器的类型，才能有效地扑救不同种类的火灾，达到预期的效果。

火灾依据物质燃烧特性，可划分为 A、B、C、D、E、F 六类。

A 类火灾：指固体物质火灾，如木材、棉、毛、麻、纸张。

B 类火灾：指液体火灾和可熔化的固体物质火灾，如汽油、煤油、原油、甲醇、乙醇、沥青等。

C 类火灾：指气体火灾，如煤气、天然气、甲烷、丙烷、乙炔、氢气。

D 类火灾：指金属火灾，如钾、钠、镁、钛、锆、锂、铝镁合金等燃烧的火灾。

E 类火灾：指电器火灾。

F 类火灾：烹饪器具内的烹饪物（如动植物油脂）火灾。

2. 针对不同类型的火灾灭火器的选择：

① 干粉类的灭火器。又分碳酸氢钠和磷酸铵盐灭火剂。碳酸氢钠灭火剂用于扑救 B、C 类火灾；磷酸铵盐灭火剂用于扑救 A、B、C、E 类火灾。

② 二氧化碳灭火器。用于扑救 B、C、E 类火灾。

③ 水基型灭火器、泡沫型灭火器。用于扑救 A、B 类火灾。

3. 常用的手提式灭火器主要是干粉灭火器，目前市场上的灭火器多为贮压式灭火器，因此在使用方法上大体相同。

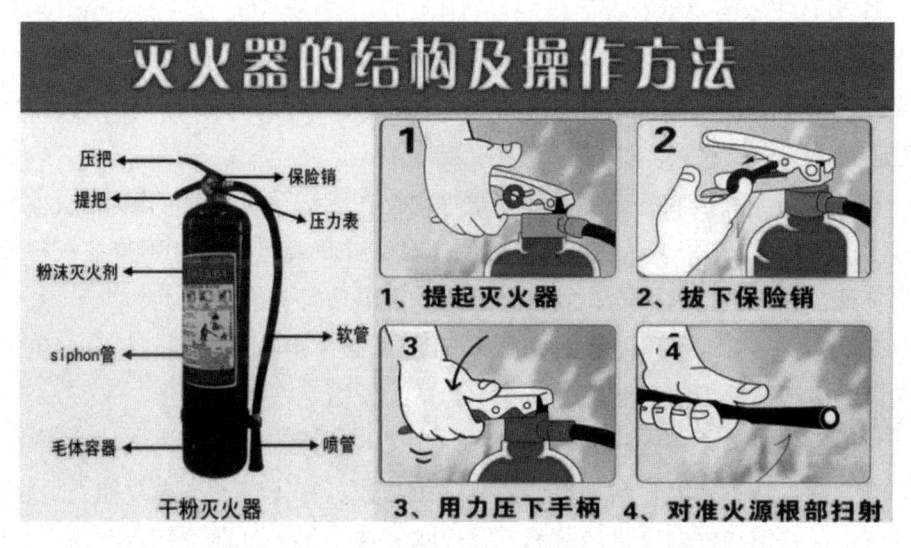

图 10-2　手提式灭火器使用方法（图片来源：百库图库）

使用手提式灭火器的注意事项有：

① 不能颠倒使用。

② 占据火势上风或侧上风方向。

③ 保持适当距离，（一般 4—5 米，干粉 2—3 米）。

④ 拔去保险销，一手握住开启压把，另一手紧握喷枪，用力捏紧开启压把。

⑤ 对准火焰根部喷射；由远及近，水平喷射。

⑥ 火焰未灭，不轻易放松压把。

注意：虽然普通的干粉灭火器可以应对 A、B、C、E 四种火灾，即固体、液体、气体火灾和电器火灾，但干粉灭火器所含灭火剂有腐蚀性，会对皮肤造成伤害，其粉末呼入呼吸道还会伤害呼吸道，所以使用时要注意站在上风口避免对人喷射；水基灭火器价格较贵，但是药剂安全无害，直接喷射在人身上会形成一层水膜，阻止火焰对皮肤造成伤害；水基灭火效果比干粉好，而且抗复燃。另外使用二氧化碳灭火器时，不能直接用手抓住喇叭筒外壁或金属连线管，防止手被冻伤。

在我们的日常生活中，火扮演着重要的角色。我们用它烧水做饭，烘烤取暖。但是，不正确地使用火，也可能酿成大祸——火灾。怎样才能避免火灾的发生呢？我们要多了解一些关于生活用火安全的知识。

① 平时注意不要拿着打火机进行玩闹。

② 请勿随意占用楼道，切勿在走廊、楼梯口等处堆放杂物和搭设建筑，要保持楼道畅通，便于着火时疏散。所用燃煤及木柴不要堆放在室内或楼道内，以免遇到火源引发火灾。

③ 不可随意将没有完全熄灭的烟蒂等物扔在废纸篓内或者可燃杂物上。

④ 夏季使用蚊香，要使用不可燃的托盘，并远离可燃物，不得把蚊香放在木器家具、书本上，也不能让蚊香靠近床单、窗帘等易燃物。

⑤ 油锅着火，千万不能用水灭火，应立即关闭炉灶燃气阀门，直接盖上锅盖或用湿抹布覆盖，使火窒息。

九种逃生自救技巧的总结：

第一诀：熟悉环境，暗记出口。　第二诀：扑灭小火，惠及他人。

第三诀：镇静辨向，迅速撤离。　第四诀：不入险地，不贪财物。

第五诀：简易防护，蒙鼻匍匐。　第六诀：善用通道，莫入电梯。

第七诀：机智应变，固守待援。　第八诀：缓降逃生，滑绳自救。

第九诀：火已及身，切勿惊跑。

角色实践

◎ 素质方面
1. 思想政治教育和条令法纪教育
2. 灭火救援实用理论学习和作战训练安全教育

◎ 技能方面
1. 水带铺设技术
2. 供水技术
3. 射水技术
4. 现场急救技术
5. 绳索救援技术

在消防职业模拟的过程中,我们遇到许多意想不到的情况。经过专业工作者的指导,我们逐渐熟练起来,并取得一定的进步。在模拟过程中哪些地方是我们做得不错的?哪些地方还需要继续进步?反思交流,肯定自我的成长,认识到自身的不足,帮助自己更好地进步吧。

表 10-1 模拟消防记录表

消防工作体验	时 间	
	地 点	
	小组成员	

续　表

消防工作体验	岗位模拟过程	
		除了文字还可以通过拍照、录像、录音等方式记录。
	目　　的	
	岗位模拟效果	

角色反思

　　基层劳动者岗位模拟的过程中会遇到许多意想不到的情况。经过消防员的专业指导，我们可以逐渐熟练起来，并取得一定的进步。在模拟过程中哪些地方是我们做得不错的呢？哪些地方还需要继续进步呢？反思交流，肯定自我的成长，认识到自身的不足，帮助自己更好进步吧。

表 10-2　岗位模拟评价表

主 体	评价内容	评价标准
自我评价	1. 认真工作，热情大方	☆ ☆ ☆ ☆ ☆
	2. 吃苦耐劳，勇于担当	☆ ☆ ☆ ☆ ☆
	3. 积极主动，大胆尝试	☆ ☆ ☆ ☆ ☆
同伴评价	1. 认真工作，热情大方	☆ ☆ ☆ ☆ ☆
	2. 吃苦耐劳，勇于担当	☆ ☆ ☆ ☆ ☆
	3. 积极主动，大胆尝试	☆ ☆ ☆ ☆ ☆
消防工作者评价	1. 认真工作，热情大方	☆ ☆ ☆ ☆ ☆
	2. 吃苦耐劳，勇于担当	☆ ☆ ☆ ☆ ☆
	3. 积极主动，大胆尝试	☆ ☆ ☆ ☆ ☆
我的优点		
我的不足		
基层劳动者评价		
我们的实践收获与感想		
我的评价与建议		

角色回顾

1. 一般采用的安全色有以下几种：

（1）红色：用来标示禁止、停止和消防。如信号灯、信号旗、机器上的紧急停机按钮等都是用红色来表示"禁止"式危险的信息。

（2）黄色：用来标示注意危险。如"当心触电""注意安全"等。

（3）绿色：用来标示安全无事。如"在此工作""已接地"等。

（4）蓝色：用来标示强制执行，如"必须戴安全帽"等。

（5）黑色：用来标示图像、文字符号和警告标志的几何图形。

§ 请根据图片，尝试在括号中写出各个安全标志代表的意思。

（　　　）　　　（　　　）　　　（　　　）

（　　　）　　　（　　　）　　　（　　　）

2. 拨打"119"报火警时，应讲清哪些事项？

（1）要讲清楚起火单位、村镇名称和所处区县、街巷、门牌号码；

（2）要讲清什么物品着火、火势大小如何、有无爆炸物品、危险化学品、是否有人员被围困；

（3）要讲清报警人的姓名、单位及使用的电话号码；

（4）清楚、简洁地回答消防队的询问。

3. 在学校里，你的班级参加了消防安全周志愿者活动。你认为在这个活动中最重要的是什么？请谈谈你的看法。

4. 你认为本课的学习对你的成长有什么影响？请简要谈一下你的看法，并举例说明。

第 11 课

马路指挥家：交通警察

角色引语

交通警察，简称交警，是指公安机关中负责交通秩序管理、交通事故勘查的人民警察。是人民警察的一个警种，其主要职责是依法查处道路交通违法行为和交通事故；维护城乡道路交通秩序和公路治安秩序；开展机动车辆安全检验、牌证发放和驾驶员考核发证工作；开展道路交通安全宣传教育活动；道路交通管理科研工作；参与城市建设、道路交通和安全设施的规划。组织宣传交通法规，依法管理道路交通秩序，管理车辆、驾驶员和行人，教育交通违法者，勘查处理交通事故，以维护正常的交通秩序，保证交通运输的畅通与安全。

角色肖像

他说："我的岗位就在路上，守护路面就像守护自己的家一样！"他退伍不褪色，2011年转业至淮北公安，始终不忘初心，像一颗螺丝钉一样坚守路面。他，在红绿灯下疏导车流，确保交通文明畅通；在斑马线上严格执法，守护着群众安全；在平凡的岗位上，用心、用情、用爱践行着一位人民警察为民服务的铮铮誓言。他就是安徽省淮北市公安局交警支队一大队副大队长张恒，先后荣获全国公安机关"我为群众办实事"成绩突出个人、"全省公安机关杰出人民警察"等荣誉，多次荣立个人二等功、三等功。今年5月，被人力资源社会保障部、公安部授予"全国特级优秀人民警察"称号。

处变不惊　群众安全的守护者

"哪里需要，我就到哪里！"2011年10月，面对人生转岗，张恒毅然选择了公安岗位。靠着"实、干、学、专"的劲头，工作中他坚持一个"严"字，立足一个"公"字，突出一个"教"字，力争一个"服"字，努力把交通安全带给群众。2016年5月他被选树为首批党员示范岗带头人，他参与制定的《城市街道路口秩序管理工作法》被评为2017年度"安徽交警十佳工作法"。

2019年5月25日上午，张恒正带队在濉溪路查处违法，附近一居民楼的天然气主管道被挖掘机挖断，天然气不断往外溢。周边人流、车流不断，一旦引发爆燃，后果不堪设想。"我在现场，我负责！"张恒毅然冲进泄漏核心区，凭借果断的处置，为排险抢修赢得了最宝贵的5分钟，被群众称为"最美逆行者"。

以心交心　躬身为民的勤务员

道路延伸到哪里，交管工作就要服务到哪里。2020年3月30日，支队勤务调整，新辖区面积达60平方公里，道路里程88公里，辖区内有很多建设工地，渣土车、搅拌车过往频繁，交通安全压力倍增。为保障市民安全出行，张恒与队员们心往一处想、劲往一处使，进一步优化警力配置、突出昼查夜巡，严防重点路段、紧盯隐患整治，建立"1+N"的工程车治理模式，率先在全市推行工程车辆"右转弯停车再起步"礼让行动，通过整改市级挂牌隐患道路，增设标志标牌、发布事故预警等措施，涉及工程车的轻微以上事故发生率下降近40%。

"当交警就是要风吹日晒，在路面上，和百姓们在一起让我感觉很快乐。"淮北城区背靠相山，北高南低，恶劣天气时以长山路桥、泉山路为代表的"两高架、四下坡、八桥涵"等14处点位一直是群众出行的"痛点"。2018年初两场暴雪袭来，主城区交通几乎陷入瘫痪，张恒带头刨冰撒盐，肩扛手拉，一次次化身为贴心代驾；台风"温比亚""烟花"肆虐，他是雨夜中百姓铭记的"小黄人"。2019年10月12日，张恒在雨中指挥交通，一对父女来到他跟前，小女孩将一把雨伞塞到他的手中："叔叔，雨大了，给您一把伞。"这让他深受感动，更加坚定了矢志不渝为民服务的决心。

坚守底线　铁面无私的执法者

严格、规范、公正、文明的执法，百姓才能信服。张恒立志做一名阳光下的好交警，有深度、有广度、有温度的"张恒式"执法成为淮北交警的名片。

2018年5月17日早高峰，张恒在路口执勤时发现一名男子涉嫌醉酒驾车且十分嚣张，先是称认识"某领导"，要求张恒给点面子别查，后又对其进行威胁。此时，围观群众越来越多，副驾驶人想趁机驾车逃离现场。张恒坚持一追到底，一举查获同车双醉驾，后被央视《平安365》栏目报道。2021年5月7日11点半，张恒巡逻到桓谭小学附近时，看到不远处一群孩子正陆续钻进一辆小型SUV，他顿时警觉，在一公里外将车辆安全拦停。经查，核载5人的小车竟塞了18名小学生，经调查，车主系非法经营"学生之家"、非法运营"校车"业务，在全市教育系统引起不小的轰动。

"管住手、守好心"，这是张恒对组织的郑重承诺。2019年2月，驾驶人毛某因工友受伤在医院抢救，醉酒驾车赶往医院送"救命钱"，醉醺醺的他刚被带上警车就掏出2万块钱往张恒口袋里塞，"只要把我放了，这些钱都给你"，张恒不为所动，又考虑到情况紧急，便驾驶警车将"救命钱"送往医院。在执法中融入服务，在服务中强化执法，他始终秉持"一释法二明情三说理"的执法方式，一句"依法执行公务，全程录音录像"让不少违法驾驶人对他又敬又怕，常以"张黑子"代之。

"交警要严管，更要把人心管暖。"张恒是这么说的，也是这么做的。"张警官，是您给了我活下去的勇气。"离婚独居的李大姐因受过半年刑罚，打工四处碰壁。2019年8月，她无证驾驶摩托车被查获，情绪崩溃，张恒耐心劝慰："罚款我先垫着，你慢慢还。"而后又介绍她到亲戚家的饭店打工，帮她解决了生活难题。

管好交通安全，宣传教育必须先行。如何让交通安全意识深入百姓心中，是张恒一直思考的。他借助路面严管、警企联合、媒体联动等方式，当好新时代交通安全知识宣传的"主播人"，组织进社区、校园、企业进行宣教，切实把交通安全知识深植百姓心中。

红绿灯下，轮换的是季节，不变的是身影。作为一名新时代的人民公安，张恒永远在路上，继续用铁一般的"恒"心为民服务，守护平安。[①]

纵然热浪重重，也要守护好车水马龙；即使狂风暴雨，也要保障好出行畅通……

漫漫人生路，浓浓警民情。在黑白相间的十字路口，总会看到一抹"荧光绿"，以坚强的身躯当好移动的"路标"，换来道路的畅通；在雨雪交加的街头巷尾，总会听到一句"有我在"，以城市平安为使命，甘做无畏的"浇警"……他们，穿越白天和黑夜，只为你而坚守。

---

① 丁贤飞.斑马线上的"安全守护神"——记淮北市公安局交警支队一大队副大队长张衡[N].安徽日报.20221-01-14（2）.

1. 根据上文，说说交通警察的工作场景。

_____

_____

_____

2. 根据上述文字内容，概括交通警察的岗位类别。

_____

_____

_____

3. 你对交通警察这个职业的印象与看法是什么？

_____

_____

_____

角色故事

有这么一群人，他们身浴热浪，挥汗如雨，化身"焦警"不言苦、变成"浇警"不喊累，坚守在指挥交通、维持秩序、执法纠违、巡逻防控、为民服务的一线，接受着高温的"考验"，被汗水浸湿的"警察蓝"，成为夏日里一道亮丽的风景线。①

清晨 6 点 40 分｜一日之计在于晨

在警务教官的指挥下，全体民警辅警精神抖擞、听从指挥、列队整齐。执

---

① 澎湃新闻.【百日行动】跟着镜头，感受交警的一天！[EB/OL].（2022-09-03）[2024-08-12]. https://www.thepaper.cn/newsDetail_forward_19749923.

法记录仪、荧光背心、"红蓝守护"袖标是他们即将步入工作岗位的三件套。

7 点整 | 交警 + 志愿者"护学"有方

早晨 7:00，寒冷的冬季天还没亮，为维护交通秩序，确保人民群众安全出行，他们顶寒风、冒严寒，坚守岗位，像一棵棵青松挺立在来来往往的车流中。他们一天的工作已经悄然开始，戴上警帽、穿上反光背心、拿起对讲机、带上执法记录仪走在了执勤的路上。此时是交通高峰期，又是学生上学时段，道路上人与车、车与车、人与人相互交织在一起，很容易发生交通事故。交警们在马路中央指挥交通、疏导车辆，有条不紊地指挥车辆有序行驶，让学生及家长安全通过。看到孩子们笑着走进校园，家长们安心离开上班时，他们由衷感到自己的付出很值得！

站完高峰，民警还要到辖区治理辖区的交通违法、乱停乱放及其他重点交通违法行为。冬季是交通事故多发的季节，电动车驾驶员穿得厚，视线不良，在路上行驶很容易发生交通事故，要提醒电动车驾驶员在这方面要特别注意。

10 点整 | 走进农村交通安全大讲堂

农村交通安全一直是交警部门关注的重点，提升农村群众的交通安全意识和法律意识刻不容缓。大宣讲、大喇叭、粘贴反光标识……减少一起事故，关爱每一个家庭一直是交警努力的方向。

下午 2 点整 | 路边的事情总有我

下午，当马路上的车流人流恢复平稳，他们又瞬间化身"巡逻小分队"，目标是"快速处突，缓堵保畅"，随时给予困难群众帮助，随时清理违停车辆。

下午 3 点整 | 进学校、进企业、进社区

宣传教育一直是交警部门的工作重点，扎实推进道路交通安全宣传警示工作，提高广大人民群众遵规守法意识，他们一直在行动。

下午 4 点整 | "一盔一带"行动进行时

"同志，请戴好安全头盔""上车请务必系好安全带"，"一盔一带"宣传他们从未停歇。在街角路口，他们发放交通安全宣传单、播放警示教育片、面对面讲解，反复强调头盔和安全带的重要作用。

下午 5 点整 | 警情就是命令

作为当天的值班警力，他们还没顾得上喝口水，肩上的对讲机又传出要求出警的指令。

下午 7 点整｜战斗又来

华灯初上，密密麻麻的车灯没有让他们们失去方寸，按计划上警力，增援特殊堵点，应急分队紧急出动，事故拖车重点部位随时待命，新的战斗拉开序幕。

晚上 10 点整｜查处违法护平安

查酒驾，是近年来力度不断加强的一项保护群众生命财产安全的重要措施，随着宣传效果的不断增强，酒后驾车的驾驶人越来越少，但绝不放松警惕是基本原则。[1]

分析：交警的工作复杂繁多，但每一项都关系民生。他们要依法对道路交通实行统一管理，维护道路交通秩序，预防和减少交通事故。在地区支队指导下，根据道路交通情况，适时组织各种交通安全的专项治理。具体负责机动车辆及驾驶员的管理业务。负责境内各种交通事故的调查、分析、责任认定、调解处理、事故统计工作，并向有关领导和部门提出事故预防对策。具体组织各项交通勤务，保证安全有序、畅通的道路交通环境。开展道路交通安全宣传教育活动；道路交通管理科研工作；参与城市建设、道路交通和安全设施的规划。

§ 请阅读文章后回答下面的问题。

1. 通过对交通警察普通一天工作内容的阅读，你认为交通警察的哪些素养值得学习？

_____

_____

_____

_____

2. 如果你希望将来成为一名交通警察，你觉得高中阶段需要为此做什么准备？

---

[1] 昌邑交警.交警的一天：从清晨到日暮 您的安全我们守护［EB/OL］.（2022-05-20）[2024-08-12］. https://mp.weixin.qq.com/s/JuoR8WsCE0mzACkQeeCi6Q.

角色担当：身边的劳动者

_____
_____
_____
_____

职业要求

1. 职业能力要求

熟悉《中华人民共和国道路交通安全法》《中华人民共和国道路交通安全法实施条例》、各省道路交通管理实施办法、《道路交通事故处理程序规定》《机动车驾驶证申领和使用规定》《机动车登记规定》《道路交通违法处理程序规定》、各省道路交通实施条例、各省公安交通管理行政赔偿程序规定。

2. 职业素养要求

必须以宪法和法律为活动准则，忠于职守，清正廉洁，纪律严明，服从命令，严格执法；秉公执法，不得徇私舞弊、索贿受贿、枉法裁决。（1）分析综合能力，善于分析事物本质及其联系，因势利导，解决问题。（2）应变决断能力。具有在复杂情况下临危不惧、处变不惊的胆略，并善于审时度势、准确判断、利用有利条件处理问题，保护国家和人民的利益不受损害或少受损害。（3）群众工作能力。善于宣传群众、动员和组织群众，依靠人民群众的力量打击犯罪活动，维护社会治安，开展综合治理。

角色实践

交警职业体验的过程中会遇到许多意想不到的情况。经过专业工作者的指导，我们可以逐渐熟练起来，并取得一定的进步。在体验过程中哪些地方是我们做得不错的？哪些地方还需要继续进步呢？反思交流，肯定成长，认识不足，让自己更好地进步吧。

表 11-1 模拟交警记录表

交警工作体验	时　　间	
	地　　点	
	小组成员	
	岗位模拟过程	
		除了文字还可以通过拍照、录像、录音等方式记录。
	目　　的	
	岗位模拟效果	

一、交通安全基本原则

1. 保持镇静，趋利避害。

2. 学会自救，保护自己。

3. 想方设法，不断求救。

4. 记住四个电话：①"119"火警电话。②"110"报警电话。③"122"交通事故报警电话。④"120"急救电话。打电话不要慌张、语无伦次，必须要说清地点、相关情况、显著的特征。

二、交通标志的颜色

红、蓝、黄、绿四种颜色为安全色。

红色：用于禁止标志、停止信号。如机器、车辆上的紧急停止手柄或按钮，以及禁止人们触动的部位。

蓝色：用于指令标志，如必须佩戴个人防护用具，道路上指引车辆和行人行驶方向的指令。

黄色：用于警告标志、警戒标志，如厂内危险机器和坑池边、周围的警戒线、行车道等等。

绿色：用于提示安全状态通行，提示标志车间内的安全通道、其他安全防护设备的位置等等。

三、交通标志的形状

表 11-2　交通标志的形状

图形	圆加线	三角形	圆	方形和矩形
含义	禁止	警告	指令	提示

1. 警告标志

起警告作用。共有49种。警告车辆、行人注意危险地点的标志。颜色为黄底、黑边、黑图案，形状为顶角朝上的等边三角形。

图 11-9　警告标志示例

2. 禁令标志

起到禁止某种行为的作用。共有 43 种。禁止或限制车辆、行人交通行为的标志。除个别标志外,颜色为白底、红圈、红杠、黑图案、图案压杠;形状为圆形、八角形、顶角朝下的等边三角形。设置在需要禁止或限制车辆、行人交通行为的路段或交叉口附近。

图 11-10　禁令标志示例

3. 指示标志

指示车辆、行人按规定方向、地点行进的标志,蓝色底白色图案,按功能分为道路遵行方向、道路通行权分配、专用标志三类。

图 11-11　指示标志示例

4. 指路标志

指示市镇村的境界、目的地方向、地点、距离、高速公路的出入口、服务区、著名地点等信息的标志。

一般道路为蓝底白图案,高速公路为绿底白图案。形状除地点识别标志、里程碑、分合流标志外,为长方形和正方形。

图 11-12　指路标志示例

5. 旅游区标志

提供旅游景点方向、距离的标志。颜色为棕色底、白色字符图案；形状为长方形和正方形。旅游区标志又可分为指引标志和旅游符号两大类，设置在需要指示旅游景点方向、距离的路段或交叉口附近。

旅游区方向	旅游区距离	问询处	徒步
索道	野营地	营火	游戏场
骑马	钓鱼	高尔夫球	潜水

图 11-13　旅游区标志示例

角色反思

基层劳动者岗位模拟的过程中会遇到许多意想不到的情况。经过交警的专业指导,我们可以逐渐熟练起来,并取得一定的进步。在模拟过程中哪些地方是我们做得不错的?哪些地方还需要继续进步呢?反思交流,肯定自我的成长,认识到自身的不足,帮助自己更好地进步吧。

表11-2 岗位模拟评价表

主 体	评价内容	评价标准
自我评价	1. 认真工作,热情大方	☆ ☆ ☆ ☆ ☆
	2. 吃苦耐劳,勇于担当	☆ ☆ ☆ ☆ ☆
	3. 积极主动,大胆尝试	☆ ☆ ☆ ☆ ☆
同伴评价	1. 认真工作,热情大方	☆ ☆ ☆ ☆ ☆
	2. 吃苦耐劳,勇于担当	☆ ☆ ☆ ☆ ☆
	3. 积极主动,大胆尝试	☆ ☆ ☆ ☆ ☆
交警工作者评价	1. 认真工作,热情大方	☆ ☆ ☆ ☆ ☆
	2. 吃苦耐劳,勇于担当	☆ ☆ ☆ ☆ ☆
	3. 积极主动,大胆尝试	☆ ☆ ☆ ☆ ☆
我的优点		
我的不足		
基层劳动者评价		
我们的实践收获与感想		
我的评价与建议		

角色担当：身边的劳动者

角色回顾

1. 交通信号灯中的黄灯表示什么？（　　）
   A. 禁止通行　　　　B. 准许通行　　　　　　C. 警示

2. 下列哪项属于非机动车？（　　）
   A. 自行车、人力车、畜力车
   B. 三轮汽车
   C. 轻便摩托车、残疾人专用车

3. 遇有交通信号灯、交通标志或交通标线与交通警察的指挥不一致时要怎么做？（　　）
   A. 服从信号灯　　B. 服从交通警察指挥　　C. 服从交通标志、标线

4. 你将要参加附近小学的"护岗"志愿者活动，在去之前你需要准备什么？在活动过程中，你认为会出现哪些突发问题？

_____
_____
_____

5. 你认为学习本课对你的成长有什么影响？请简要谈一下你的看法，并举例说明。

_____
_____
_____
_____

第七单元

守望天地——自然探索者

　　人和自然的关系是我们自古至今持续探讨的重要课题。人们从自然中获得生存资源，获求可持续发展的物质原料。自然和人的关系应该是和谐共处、良性发展的态势。随着人类认知边界的扩大，对于自然的了解和研究也越来越深入，人类也越发感觉到自身的渺小。作为高中生的我们，不仅要习得书本上的知识，更应深入大自然的生态中，去感知自然、了解自然，守望天地，师法自然，做大自然的探索者。

本单元的主题为"守望自然——自然探索者"。本单元内容主要介绍气象观测员和户外拓展师两种职业。对天气和气候的自然规律的把握和使用直接影响着我们的出行、农业的发展。气象观测员的工作恰恰是关注天气变化、形成记录并总结规律。户外拓展师是近些年新兴的职业，意在指导人们在进入陌生的自然环境中如何自救和保全自己，具有很强的实操性和掌握的必要性。

以气象观测员和户外拓展师两种职业介入劳动教育，旨在提高同学们的观察能力、动手能力和应变能力。作业的布置立足于学校所在城市的小自然生态圈中，易操作且具有典型性。同学们在实操过程中可以更好地贴近身边熟悉的自然区域，深入了解自然生态，更好地了解人和自然的关系，认识并对自然产生敬畏之感。

本单元学习方法为文献整理法、调查法、观察法和对比法。在具体实践过程中敏锐地捕捉问题、发现规律，形成相应的报告文本。

第 12 课

天气之子：气象观测员

角色担当：身边的劳动者

角色引语

气象观测员的主要工作是在气象站记录气象观测数据，多为气象、应用气象、大气探测专业毕业生，要有基本的气象学知识和天气学专业素养，要有很强的责任心，工作认真细致。每个人工气象站都会有房子供观测员住，气象员要在规定的时间按时抄录准确的资料，并在相应时间之前发回气象局。

角色肖像

每次换季时，杭城的风向都会变，不同风向的风也会带来不一样的气息。春节这段时间，杭州的风是什么味道的呢？

在风里，第一个嗅到春天气息的，或许是他们——"城市体温的记录者"气象观测员。

杭州国家基准气候站，位于馒头山顶。80后气象观测员杨焕强是河北人，2006年大学毕业后只身来到杭州，在这座山顶上，已经度过了11个春秋。他和其他10名气象观测员一起，用耐心、细心、24小时坚守在此，观测气象万千，记录每日风雨，为杭城百姓提供最准确、及时的地面气象数据。

从某种意义上说，他们是用数据第一个告诉你春天来了的人。今年除夕，轮到杨焕强值守馒头山。

- **手机上设了5个闹钟，准时准确上传气象数据**

沿着凤凰山脚路向上走，一路都能感受到老杭州的市井气息和浓浓的年味。

凤山新村218号的杭州国家基准气候站，就位于这座矮墩墩的馒头山顶，下午2点多，山顶值班室里，杨焕强一人静静地坐在电脑前，专注地看着屏幕上的各种数据，手中的笔在地面气象观测记录本上，认真地记录着。

对气象观测员杨焕强和他的同事们来说，24 小时守候，是他们日复一日的行程，他们工作的目的，就是确保气象数据的准确性和连续性。

下午 4 点 45 分，杨焕强手机上的闹钟声准时响起，他起身快步朝观测场上走去。

杨焕强的手机上设了 5 个闹钟，"虽然现在大部分观测数据都可以依靠自动化监测，但还是需要人工质控、按时上传，地面气象观测实行每天 24 小时连续观测，其中人工进行 08 时、11 时、14 时、17 时、20 时五次定时观测并编发报文。"

980 平方米的观测场，作为气象观测员的他，在这 11 个春秋里，不知道来来回回走了多少遍。

杨焕强打开百叶箱，一边认真查看箱内，一边给记者"科普"，"温度表放在百叶箱内，在距离地面 1.5 米处测出的数据，杭州市区的温度，是以这个百叶箱里测量的温度为准"。从百叶箱到雪深仪、雨量计、云高仪、能见度仪、天气现象仪等等，他都逐一检查，"我们要确保仪器设备正常、数据上传正常，这样才能为老百姓提供准确、及时的天气信息"。

- 观测时间到了，就算下刀子也要出去记录

作为杭州地区唯一的国家基准气候站，这里的每一项数据，都有自己的使命，不容错漏。

气象观测员的工作，看似每天只是看看天、记记数字，但内心的压力只有他们自己知道："0 和 0.0 也是有区别的，就拿降雨量来说，0 表示没有，但 0.0 是有，只是降雨量很小，小于 0.1 毫米，就记为 0.0 毫米。测量时哪怕只有 0.1 的误差，都可能影响最终的预报结果。"

正是因为这份严谨、苛刻，从事气象观测工作的人，都免不了落下个"职业病"——神经衰弱，杨焕强自然也不例外。

"会做噩梦！经常会梦到仪器找不到了，数据出错了。"好几次，休息日凌晨 1 点多，躺在床上的杨焕强突然起身，抓起床头的外套就往门口走，"做梦都以为在值班。"

所以哪怕是春节这样的时刻，他们也是丝毫不敢放松的。尤其是面对大雪这样的恶劣天气时。

"今年 1 月底下那场大雪的时候，孔哥爬上了测风塔。"杨焕强口中的"孔

哥"，是杭州国家基准气候站副站长孔万林，今年冬天的一场雪，冻住了测风塔的仪器，为了能准时观测，他徒手爬上了12米高的测风塔，测风塔上都是精密仪器，冻住的冰块不能用锤子敲打，只能用手掌焐热后去除。而"孔哥"其实有"恐高症"。

类似的突发状况，几乎每一个气象观测员都会遇到。无论是杨焕强还是"孔哥"，他们都很清楚一点，及时、准确、严谨，在气象观测员的"字典"里，比什么都重要，错过了那个点，就意味着相关的实时数据就无法补回来了。"说白了，只要到点了，别说打雷下雨，哪怕外面下刀子都要出去巡视、记录。"杨焕强说。

- 春天的气息有了，真正的春天还要等上1个多月

或许在很多人眼中，气象观测员的工作还是挺浪漫的，能见到杭城的第一片雪花，能捕捉到夏天的第一道闪电，也能嗅到春天的第一丝气息……但其实这份工作的寂寞孤独也只有他们才懂。

独自值班时，陪伴杨焕强的，除了枯燥的数据外，就是观测仪器，还好，还能看看天。

只不过，杨焕强眼里的天空是分层的，他感受到的风都是带着数据的。

眼下，立春已过，2月19日马上就迎来雨水节气。

春节这段时间，杭城真正意义上的春天尚未到来，但已处处是鸟语花香，风里也似乎嗅到了春天的气息。

"你知道吗，每次换季时，杭城的风向都会变，不同风向的风也会带来不一样的气息。老百姓心目中的春天可能已经来了，但在气象学上，入春的标准是连续5天日平均气温超过10℃，杭州常年的平均入春日期为3月24日。"杨焕强笑着说。

1. 根据所学物理知识，说说如何理解0和0.0的区别？

_____

_____

_____

2. 气象观测员应该具备怎样的本领？试列举。

___

角色故事

看，放气球的人！

这些年，笔者发现一条"流量密码"，只要是施放探空气球的短视频，播放量就低不了。那么，这些放气球的人，究竟是在做什么，大家深入了解过吗？

在我国，有120个探空气象站，这些站点遍布于你能想象的天南海北——从东北到海南，从滨海到内陆，从岛屿到高山、大漠。施放探空气球就是坚守在这些站点中的气象工作者每天的任务，无论下雨、下雪还是刮风。这个过程很忙碌，也不有趣，甚至有些危险。正因为有全国每日准时升空的这些气球，我国才一步步成为世界范围内气球高空气象观测业务大国：我们的120个高空站占全球总量6%，其中全球资料交换站89个，提交了占比10%左右的全球共享资料。

下面让我们一起走近"放气球的人"，听他们讲述难忘的放球经历。

◎一次"出圈"的摔倒

讲述者：张凯霞　内蒙古锡林浩特

11月6日，迎来了入冬以来最强寒潮，在锡林浩特国家气候观象台，前一天刚上完夜班的我继续留下来为气象数据加密报做准备。在风雪中，身高162厘米、体重55公斤的我在出门的瞬间就被直径约1.5米的气球带倒在地，但我几乎下意识地迅速爬起来继续施放。

同事李艳随手拍下这个看似平常的场景，视频火了。当时，我没考虑其他的事情，只想着要在规定时间内顺利施放探空气球。放完球回到办公室后感觉很尴尬，还好仪器没有损坏，左边整个身子都是疼的，左膝盖也有瘀青。施放那么大一个气球，在大风中非常难控制，是一个技术活儿。

参加工作的第一天，师傅就告诉我，气象观测员的名字会随着原始气象资料一代代传下去，这是一份值得骄傲的工作，更是一份责任。

放气球只是我们全体气象观测员日常工作的一部分，而我只是万千气象人中的一个。送走一次天气过程，还会有下一次，气象观测员就是这样一年一年地坚守，用时光书写气象人的奉献和无悔！

◎ "极地放球"的经历

讲述者：张文千　北极

2020年，我在北极完成了探空气球施放。

那年8月12日，我在北冰洋放此次考察的第一个探空气球，现场没有人带，放球前一天，我把要诀复习了一遍又一遍，几乎是硬着头皮上的。雪龙船左右晃动，风也很大，好在有队友帮忙，过程顺利。放球期间恰逢七夕，大家还纷纷在气球上写下对国内亲人的祝福。

第一个球放成功了，一直悬着的心也放下了，感觉这项考察任务后续也会顺利。北极地区增暖是全球平均的2倍到3倍，而北极尤其是北冰洋中央区是气象观测最为稀缺的地方之一，探空观测有助于我们了解北极大气垂直结构特征，为提高北极地区天气气候预测预估能力提供基础。

同时，我也对国内观测员很敬佩，我只是开展三个月的科学试验，而他们要常年准时准确完成任务，为此，他们付出了无数个日夜的努力。

◎ 一次"20个错情"的驱策

讲述者：刘立辉　河北邢台

我从事高空气象观测已有25年了，却还记得第一次放球的那个早上。

那天，我一早就起来忙活，想要一个"开门红"，也想向师傅闫恩菊证明我可以做一个合格的高空观测员。

然而，气球完美升空时，我却忘了按下计算机的放球同步键。等老师检查时，已经错过了90秒。受限于当时的技术条件，用了一切手段还是没有挽回这次的资料，我和老师都被统计了20个错情，老师全年不能评选全国优秀观测员。

放不出气球、放出去了接收不到信号的噩梦，每个高空观测员都有，而且是经常性的，我曾梦到施放了40多分钟了，但气球位置的仰角和方位角一直变化很小，几乎不动，等我去看才发现，气球还被绳子拴在放球点。

但这一切都即将改变。中国气象局将逐步升级探空观测系统，新一代观测系统在探测精度、自动化、智能化方面都有了飞跃提升。那时，新的观测系统会赋予我们新的任务，也对下一代的高空观测人员在资料分析、应用方面提出更高要求。

图 12-1　南极气象气球研究（图片来源：视觉中国）

§ 请阅读文章后回答下面的问题。

1. 不同地理位置对于气象工作者有何专业要求？

2. 放飞气球不仅是气象工作者的本职工作，还有哪些象征意义？

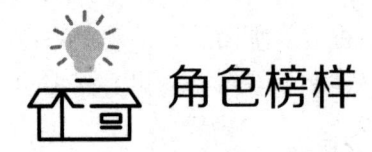

_____

_____

角色榜样

朱定真

谈到气象，大家会想到什么呢？是春有百花秋有月、夏有凉风冬有雪的四季轮回，还是风雨送春归、飞雪迎春到的期盼？是暴雨、海啸、雷电、冰雹、飓风等极端天气，还是"本市将有大雨，请合理安排出行，确保安全"的公益短信？对于全国政协委员、中国气象局公共气象服务中心气象服务首席专家朱定真而言，气象是专业选择时的初心使然，更是融会贯通后的学以致用；气象科普是他默默坚持的光荣事业，用气象为更多的人服务，是他义不容辞的责任。

◎ 多般武艺造就首席科普专家

气象行业里有句"名言"：天气预报员是世界上最令人遗憾的职业。报得准，没人会记得，可报错一次，会被人记十年。大学毕业后，朱定真被分配到扬州气象台，从事的工作岗位就是高风险的短期天气预报科。

预报员可不是看看百叶箱那么简单。一份气象预报的产生要从测报员采集观测数据开始，然后报务员将数据发送至上级气象台汇总，并接收汇集后的数据，接下来填图员综合收集到的数据代码翻译绘制填图，最后预报员根据不同层次的天气图，在头脑中形成立体大气运动模型，再依据气象学原理和对于当地天气气候规律的经验积累分析预测天气。可以说，气象员天天都要和千变万化的天气斗智斗勇。

四十多年前的一个农历三月初三，是"文革"后扬州城第一次开放集市赶集的日子，也是朱定真刚刚独立当班可以做预报的日子。当时朱定真预报的天气是晴天、没有雨，下班后他和同事们也加入了热闹的赶集。可谁知老天爷突然发威下起一场大雨，人们一哄而散，好好一场集市以一片狼藉收场。

"我们躲雨的时候周围全在骂气象台，我们缩在角落里大气都不敢出。"朱定真回忆道。当然，朱定真和他的同事们并没有被失败打垮，他们马上就赶回单位，请老预报员一起，调出图来仔细研究为什么会下这场大雨。即便如今已经是气象专家，朱定真依然忘不了当年灰头土脸躲在屋檐下避雨的场景，为的就是不断鞭策自己。

1991年，朱定真以全票通过的方式获得了江苏省仅有的一个赴美国国家飓风中心交流学习的名额。朱定真在美国不仅学会了当时最先进的计算机语言，还用它将自己的研究成果编写了一个飓风路径预报检测程序投入业务应用。离开美国时，朱定真的研究成果被直接并入当地飓风研究中心的主要业务预报系统使用。研究中心为了表示对他的肯定，特意授予他重大贡献奖。

也是在美国期间，朱定真第一次认识到了科普的重要性。当时，安德鲁飓风登陆飓风中心所在的佛罗里达州。飓风到来后，他所在的城市停水停电陷入了混乱，所有电视节目都停播了，只有气象节目还在滚动播出。记者们可以直接进入飓风中心采访，许多记者就日夜守在那里，随时对飓风动态进行报道。飓风过后，虽然城市一片狼藉，但是朱定真发现，伤亡人口比当时国内同等灾害的情况下要少得多。这个经历给他留下了深刻的印象，他意识到，面对气象灾害，有效的防灾科普、及时的媒体传播，与气象预报同等重要。回国后不久，因为在美国国家飓风中心的出色表现，朱定真被破格提拔为江苏省气象台的副台长，主抓业务工作，实现了预报员向管理者的身份转变。

2002年，朱定真参加中国气象局的竞聘，成为华风气象影视集团的副总经理。华风气象影视集团是中国气象局直属的高新技术企业，承担着国家级广播电视天气预报节目的制作和各种灾害性天气预警预报的媒体发布工作。在这里，他实现了科技人员向传媒从业人员的转变，真正成了一名气象科普传播人。

到华风后，虽然身为集团领导业务繁忙，但是他有一个原则，那就是工作再忙也不能耽误科普工作。他参加央视气象直播节目，也是凤凰卫视《定真科普时间》节目的主持人。由他担任总策划的大型科普影片《变暖的地球》和《气候变化与粮食安全》分别获得第28届、第29届中国电影金鸡奖最佳科教片奖，另一部同样由他担任总策划的宣传片《应对气候变化——中国在行动》被翻译成四种语言，在历次的"世界气候大会"上播放。

2015年，朱定真被评为中国科学技术协会2015年度"十大科学传播人"。朱定真表示，气象科普宣传任重道远。作为一名"科学传播人"，在尊重科学的同时，有责任发挥其权威作用，向公众普及科学知识。

"社会大环境的影响，导致'科学传播人'匮乏。一位'科学传播人'不仅要懂专业领域知识，还要热衷科普，能够深入浅出，将最新的科学知识以受众能够接受的方式简要表达出来，最终真正实现科普的目的。"朱定真说。

◎ 利用专业知识为国家服务

"实际上没有雾霾这种天气现象，只有雾或者霾。"2018年，朱定真作为经济界别委员参加全国"两会"。初次亮相的他，就以雾和霾的科普让其他委员直叹"涨知识"。

"雾"可比照为落地的云，有边界，颜色偏白色。雾是在一定的温度条件下，水滴聚集，细小的水珠会造成能见度下降。不过，随着温度等的变化，雾也会发生变化，会消失。"霾"相对干燥，而且对温度的要求不敏感，是浮游在大气的颗粒或者灰尘，而悬浮颗粒物会造成能见度下降。只要大气扩散条件不发生改变，"霾"就不发生变化。世界气象组织的天气现象观测规范，和民航相关的观测规范中对雾和霾都早已有明确的区分定义和不同的标识符号。

从那以后，"雾霾"的提法逐渐淡出了公众的视线。

"原来关注更多的是自己能为气象做什么。现在到了全国政协这个平台，接触到各行各业的委员，经常听国家政策解读，参与更深入的全国调研，不知不觉开始跳出气象的小圈子，想的是气象能为国家做什么。"朱定真说。

从2018年成为全国政协委员至今，为了提高履职能力，朱定真认真学习经济、农业等方面知识，仔细研读国家的大政方针以及各种文件，通过政协组织的读书活动、调研、座谈、交流、培训等，开阔视野提高站位。4年来，他针对应对气候变化、防灾减灾大数据共享、生态保护、精准扶贫、养老、抗击疫情等多次建言。

近年来，气候变化成为全球面临的最大风险之一。作为气象专家，朱定真决定以小切口来反映大问题，不断呼吁社会各界关注气候变化风险利弊影响，采取有效手段应对气候变化。

2018年，他提出《关于"一带一路"建设要高度关注自然灾害风险及其应对》的提案。2019年，他提出《关于聚力精准施策开展第三次全国农业气候区划》的提案。2020年，他提出《关于需高度重视我国未来气候风险》和《关于积极应对极地资源竞争的建议》的提案。2021年，他提出《关于放大中央财政农业生产救灾减灾资金　为乡村振兴保驾护航》的提案。

朱定真认为，面对全球气候变化，我国在多灾种灾害识别与风险动态评估、全尺度巨灾致灾与成害链综合风险动态评估等方面的关键技术研究还有待突破；未来气候演变预估方面的科技能力有待提升，以支撑我国在国际气候变化谈判中话语权的提升；进一步完善高风险区、高脆弱地区的防灾减灾工程体系，提升气候变化下自然灾害应对能力，加大自然灾害防灾减灾投入力度。

"在全球气候变化背景下，极端天气气候事件呈频发重发态势，气象灾害已成为影响农业、林业生产和产业发展最不稳定的因素之一，未来我们要注意防范因灾致贫、因灾返贫。"朱定真在提案中建议，在以政府财政性投入为主体的基础上，探索在防灾减灾领域大型基本建设项目和公共设施项目中的社会资本投入的体制机制，拓展防灾减灾与气候变化应对的资金来源。他还建议有关部门要立足未来30年左右气候变化可能风险的富余量，筹划城市规划、防灾减灾基础设施建设、重大风险区移民新村选址新布局等，提高全社会抗击气候风险的韧性。

在谈到乡村振兴战略与数字乡村战略时，朱定真说道，希望不久的将来，农民朋友可以拿出手机，像查地图一样能够直观地查到当地适合种植的农作物适宜区分布图和相应的引种提示。而粮食产量、品质和种植结构与天气、气候条件密切相关，这就需要了解农业气候区划信息。进行农业气候区划是划定和建设粮食生产功能区、重要农产品生产保护区的先导基础，是农业供给侧结构性改革、精准扶贫长效机制的科学依据。

"可是我发现我国的上一次《农业气候区划》还是20世纪80年代。30多年间，气候发生了很大变化，其中寒温带界线西缩、北移，暖温带北界东段北移，且最大北移幅度已超过1个纬度；北亚热带北界东段越过淮河一线，平均北移1个纬度以上；中亚热带北界中段从江汉平原南沿移至了江汉平原北部，最大移动幅度达2个纬度；南亚热带北界西段北移0.5～2.0个纬度。继续下去，北方'麦浪滚滚'变成'稻浪滔滔'，'南橘北枳'变成'北橘南枳'成为可能。"朱定真说。

在气候变化已经是定论的背景下，气候变化的"水热双增"态势，导致我国农业气候资源发生显著改变，农作物和林果适种区域不断扩大。扩大种植面积，多增产本身是有利的一面。但是气候变化对农业生产的不利影响也日益突出。病虫害发生区域向高纬度、高海拔地区扩展，作物发育期提前、生长周期变短，作物产量和品质降低，种质资源创制与储备也面临挑战。另外，干旱、暴雨洪涝、台风、高温热浪、低温雨雪冰冻等极端气候事件发生的频率和强度增加，对农业生产的影响程度加剧。尽快摸清现状，才能因地制宜地适应和应对。否则现在认为正确的规划和投资就可能事倍功半，影响乡村振兴目标的实现进度，甚至影响粮食安全。为此，朱定真曾在两会上提出了《关于聚力精准施策　开展第三次全国农业气候区划》的提案。提案指出，应当依据当今对农业气候资源演变，和气候变化趋势研究的最新成果，利用现代遥感、地理信息、大数据、人工智能技术，尽快开展第三次全国农业气候区划工作。形成的成果对于扎实推进乡村振兴战略，加强国家数字农业农村系统建设，和积极应对气候变化国家战略，有历史和现实的意义。

"不管结果如何，我要尽自己的义务，用自己的专业为国家着想。"朱定真说。

2022年全国两会开幕在即，朱定真表示，作为政协委员，要为国履职、为民尽责、凝心聚力，利用自身优势，为国家发展作贡献。他将进一步提高政治站位，围绕新发展格局，找准角度、选好题目，为落实气象服务于生命安全、生产发展、生活富裕、生态良好的要求以及提升防灾减灾社会管理能力，保障粮食安全、能源安全，公共卫生应对气候变化风险等建言献策，努力交上一份更加出色的履职答卷。[1]

§ 请阅读文章后回答下面的问题。

1. 朱定真具有哪些值得我们学习的优秀品质，试着结合文本谈一谈。

_____

_____

---

[1] 绿色中国.朱定真委员：守气象初心　担国家使命［EB/OL］.（2022-03-09）［2024-08-12］. https://mp.weixin.qq.com/s/RJzRSkIkr2lAGHJGGBjlCw.

2. 简要回答气象工作对于国计民生有哪些重要影响。

___

___

___

角色实践

主题：气象科普云观测实践活动

实践目的：

"纸上得来终觉浅，绝知此事要躬行。"为了丰富自己的假期生活，并将课堂所学的知识进行延伸和补充，为深化课堂所学提供更多的参考条件，我们决定展开一次科普小探究。

世间万物离不开自然，自然离不开天空，老百姓常说老天在笑，晴空万里，老天变脸，不是瓢泼大雨就是天降甘露。而这无一都离不开气象。人类赖以生存的自然界并不是一成不变的，常常会有异常的气象现象发生，它对人类社会造成的危害往往是触目惊心的，如：地震、火山爆发、泥石流、海啸、台风、洪水等。

抬头望天，云应该是自然界中最常见、最美丽、最神秘的自然景观。它可以变换不同的形状，渲染不同的色彩，同时还能代表各种各样的天气。古人就是通过不间断的观察及对这些云层的分析，总结出一些行之有效的方法，这些方法可以帮助我们提前预判天气的变化，减少自然灾害造成的损失。

看云测天，俗语说："云是天气的招牌。"云的形状、高低、移向直接反映了当时天气运动的状态，预示着未来天气的变化。民间很重视看云测天。"云往东，一场空，云往西，水凄凄；云往南，雨成潭，云往北，好晒谷。"还有许多看云的颜色测天的谚语，如"乌云块块叠，雷雨眼面前""火烧乌云盖，有雨来得快""日出红云升，劝君莫出门"。这些天气谚语是经过反复观察与实践而得，也是劳动人民智慧的结晶。

云，所覆盖的地方可能会出现暴雨、雷鸣和黑暗，甚至会带来洪水或者是暴雪这样的灾难，所以人们常常会把云和一些负面气象联系在一起，正因如此，云的重要性常常被忽视。在一些自然环境中，云扮演着将海水传递到陆地上的角色，如果没有云，那么大部分的土地将会变得极度干旱直至无法利用，无法满足农业生产的需要，更不用说居住甚至是生存了。

前期准备：
在气象局专家耐心细致的讲解下来我们解惑气象问题、摄影设备。

活动时间：
暑假一个月。

完成表格：

表 11-1 观测记录表

活动主题	山水莲城，蓝天白云
成员	
活动地点	处州公园、白云山森林公园、江滨公园
活动时间	暑假一个月
观测内容	1. 查阅资料，了解观察云的方法和步骤。 2. 了解各种云的主要特征。 3. 观测云层变化、掌握云量和云状的知识。

最终结果：
形成气象科普实践报告。

角色反思

表 11-2 角色评价表

主 体	评价内容	评价标准
自我评价	1. 认真工作，热情大方	☆ ☆ ☆ ☆ ☆
	2. 吃苦耐劳，勇于担当	☆ ☆ ☆ ☆ ☆
	3. 积极主动，大胆尝试	☆ ☆ ☆ ☆ ☆

续 表

同伴评价	1. 认真工作，热情大方	☆ ☆ ☆ ☆ ☆
	2. 吃苦耐劳，勇于担当	☆ ☆ ☆ ☆ ☆
	3. 积极主动，大胆尝试	☆ ☆ ☆ ☆ ☆
气象工作者评价	1. 认真工作，热情大方	☆ ☆ ☆ ☆ ☆
	2. 吃苦耐劳，勇于担当	☆ ☆ ☆ ☆ ☆
	3. 积极主动，大胆尝试	☆ ☆ ☆ ☆ ☆
我的优点		
我的不足		
劳动者评价		
我们的实践收获与感想		

角色回顾

1. 暴雨导致马路积水遇到车辆熄火时应（　　）。

　　A. 立刻停车，跑向高处

　　B. 躲在车里，等待救援

　　C. 把车推出去

角色担当：身边的劳动者

2. （　　）对地面气候有温室效应，我们称之为温室气体。
   A. 二氧化碳　　　B. 氮气　　　　　C. 氢气

3. 下面哪一组属于气象能源（　　）。
   A. 风能，太阳能　B. 风能，核能　　C. 水能，太阳能

4. 下列城市中被称为"雾都"的是（　　）。
   A. 东京　　　　　B. 纽约　　　　　C. 伦敦

5. 对我国来说，（　　）是大雾多发季节。
   A. 秋冬　　　　　B. 春夏　　　　　C. 秋夏　　　　D. 春秋

第 13 课

步履实地：户外拓展师

角色引语

拓展训练是一种全新的培训方式，以开放、分享、快乐的体验式培训作为特色，是对正统教育的全面提炼和综合补充。因为知识和技能只是有形的资本，而意志和精神则是无形的力量，所以拓展训练更多的是心理挑战，在自然风光里指导学员完成一系列熔炼团队，挑战极限的活动，可以让学员从中发现自身在平时意识不到的潜力或盲点。

角色肖像

从我踏入这个行业开始，就注定选择不一样的人生，体会常人无法理解的生活。我有一群兄弟姐妹，从我选择的那天开始，我们的人生就开始纠结、交叉、交集。他们当中有的身形粗犷内心轻盈，有的外表冰冷内心火热，有的口舌犀利暗藏温柔，有的貌似愚钝心细如发。和伙伴在一起的时光很快乐、很幸福。我们一起有过疲惫中的喜悦，我们共同携手穿越生死，我们分享成就，我们彼此支持承担被误解的压力。我们是信念的守护者，是一群用思想创造价值的人，我们用游戏折射人生，用镜子反映真实。

◎ 这是一份艰苦的工作

户外拓展培训确实是一份可以磨炼人的意志的工作，不管你是参与培训的学员还是拓展培训行业的从业者都是如此。离开了舒适的居室和办公室环境，无处遮风挡雨，没有空调暖气；有的是烈日炎炎或寒风凛冽，只要客户定了哪个日子，我们作为从业者都必须奉陪到底。而且我们经常各地奔波去给公司企业的员工做培训，往往是天还没有亮就出发，回来时家人很可能都已经睡觉了。户外拓展培训就是这样辛苦。

◎ 这是一个很有成就感的工作

拓展培训尽管辛苦，但在这份工作中你可以找到现代社会中很难找到一种待遇，那就是"被尊重"。被你带领的学员中会有收入是你N倍的老板、经理、总监等高职位的人，也有比你更有才华的设计师、工程师、医生、老师等各行各业的精英分子，但是在一场拓展培训中，他们都会尊称你为教练或老师，因为来到户外拓展培训中我们才是专家。这尊重是我们完成一定职业要求的培训工作后换回来的，当获得这种尊称的时候，不管有多累多辛苦都会觉得是值的，说明我们的工作被肯定，有一种成就感。

◎ 这是一份相对自由的工作

我是一个坐不住办公室的人，但我的性格也决定了我不适合跑业务，所以我很幸运自己可以成为一名拓展教练，因为这是一份相对自由的工作。可以不用经常坐在办公室前对着电脑办公，可以随着客户不同的培训地点到处去走走看看，领略不同地方的美景美食，文化特色。

◎ 这是一份有责任心的工作

每一个人都希望花了钱能得到一种回报，我们行业希望得到的回报就是提升团队凝聚力、团队沟通协作能力、总结自我和执行能力。我们必须根据每一批客户的不同需求来作针对性培训。用心对待每一批客人、每一个学员。如果一个拓展教练不用心来做拓展，那就是带着一帮人玩游戏而已，谈不上培训。所谓客户希望要的结果就是一种感觉，当学员完成拓展之后有一种有所受益的感觉，而这份感觉就是靠我们拓展教练给他们带来的。

很多人以为拓展教练是一个很美好很崇高的职业，说的也没错，因为教练也是一个培训者、教育者，只要是授人知识的职业都是崇高的。但是其中的辛酸也是有的，"吃不了这行苦，入不了这行门"这句话确实适用于每一个行业。我很庆幸自己成为一名拓展教练，因为我吃得了这一行的苦。[1]

& 阅读以上文章，回答以下几个问题：

1. 户外拓展师应该具备哪些技能？

_____

_____

_____

[1] 温州矛盾户外　团建拓展. 我是一名户外拓展教练！［EB/OL］.（2021-12-08）［2024-08-12］. https://mp.weixin.qq.com/s/xmtyB1gdJMOIz0BY30PC7Q.

2. 结合知识积累和课外拓展，谈谈户外拓展师近些年兴起的原因有哪些？

角色故事

有句话说：要么读书要么旅行，身体和灵魂总有一个在路上，这是很多人向往的生活，许多人都有自由自在放浪于江湖，看遍人间繁华，归来依旧是少年的一个梦。然而在改革开放初期，这种"走出去"的梦很难实现，要得到家人的支持，还要禁得住世人质疑的目光，来看看下面几位当代户外旅行达人，他们是怎么做到的。

徒步中国第一人：余纯顺：余纯顺（1951年12月—1996年6月13日），1988年7月1日开始孤身徒步全中国的旅行、探险之举。行程达4万多公里。发表游记40余万字，沿途拍摄照片8千余张，为人们作了150余场题为"壮心献给父母之邦"的演讲。尤其是完成了人类首次孤身徒步穿越川藏、青藏、新藏、滇藏、中尼公路全程，征服"世界第三极"的壮举，1996年6月13日在即将完成徒步穿越新疆罗布泊全境的壮举时，不幸在罗布泊西遇难。

"独孤骑者"李聪明：中国骑行界的领军人物，从八十年代就开始骑行自行车环游中国，骑行经历长达25年，他的轮迹遍布全国31个省、市、自治区、直辖市，行程十一万多公里。2011年出版骑行游记《天路任骑行》；2012年完成12条进藏路线的骑行；2014年10月开始横穿羌塘无人区失联、2015年夏天一队户外穿越的车队在青海可可西里发现了他的自行车、相机、日记遗物，从此失联于浩渺的可可西里。

中国第一位徒步万里长城的人：刘雨田：当年他听说有外国人想徒步万里长城后，说中国的万里长城要由中国人来徒步走完，为了为国争光，他做到了，也实现了愿望。

刘雨田1942年2月生于河南省双洎河边的长葛县。那年正逢中原大旱，赤野千里，父亲希望老天下雨，便给他取名雨田。

15岁那年他做了两个梦：一是破万卷书当作家，二是行万里路当探险家。作家的梦破碎了，刘雨田别无选择，实现第二个梦：探险。刘雨田热爱自己的探险事业，已经付诸行动和计划尝试的有80多个探险项目。他用自己的双手拍摄了一万多张照片，写下了二百多万字的探险日记，内容涉及各种领域。他的几部作品已陆续发表，曾多次获得全国大奖，有的还作为爱国教材选进初中课本。刘雨田也是最早进入罗布泊探险的人，最终因为各种自然因素，一直到今天未能完成罗布泊探险的愿望。

花甲背包客：张广柱和王钟津两位老人。故事起源于2007年春节，"花甲背包客"张广柱和王钟津老两口前往云南虎跳峡旅游，在纳西一家客栈中，老两口看到，同在一个屋檐下的外国游客一句中文也不会说，照样敢跑到中国偏僻的地方游玩，张广柱和王钟津顿时觉得不服气。

从云南回来后，张广柱便和妻子提出：我们也可以去国外旅行。此言一出，二人一拍即合，然后就开启了环游世界的旅途，从2008年开始，63岁的张广柱和61岁的王钟津这对生活在北京的普通老夫妇，自助游览了欧洲、北美、俄罗斯等地，100天游美国、加拿大、墨西哥以及古巴四国；180天南半球环球旅行，穿越赤道六次，成为了背包客中的传奇，媒体竞相报道。

单车走完中国第一人：汪海澄：汪海澄老人于1931年出生在重庆一个普通工人家庭，父亲是一名搬运工，他从小就跟着父亲学写字。年轻时，汪海澄就迷上了集邮，可是那时工资非常低，家庭条件不允许他集邮。1981年汪海澄退休了，退休后的他仍对集邮这个梦想念念不忘。

1995年，汪海澄突发奇想，集不到好的邮票，不如骑自行车到全国集邮戳，这样既节约费用，又满足了集邮心愿。这个想法一开始遭到家人的反对，家人认为"行程太远，不安全，身体也吃不消……"但那时固执的汪海澄一意孤行，独自踏上了他单车行走全国之旅，这一走便一发不可收拾。从1995年开始，到2008年结束，历时14年，他走遍中国2 600个县，每到一个地

角色担当：身边的劳动者

方都收集邮戳，最终收集了 13 万多枚邮戳，外界对他有一个称号：世界级"邮痴"。

中国自驾车环球第一人：廖佳：说完了铮铮铁汉，我们来看一位女中豪杰——廖佳，80 年代末 90 年代初，对于穷学生来说，要想外出旅游，飞机太过奢侈，只能火车加长途汽车，可是，廖佳又晕车又有哮喘，火车汽车的乘车环境让她苦不堪言。

这样纠结的心态一直持续到了 1996 年。她与朋友相约去西藏旅行，在路途中遇到了一对自驾游的夫妇。此时她顿悟：原来私家车也是可以出游的。于是就有了后来的山东半岛自驾游之旅。

从此，廖佳迷恋上了这种在路上的感觉。她驾驶着她的小车，穿过东部 13 省，穿过滇西北，当然最让人们熟知的是 2001 年为期 142 天的横穿欧亚大陆的旅程，她也因此成为中国第一位往返穿越欧亚大陆的女性。

2002 年 7 月至 2003 年 8 月，廖佳走遍中国 31 个省区市，历时一年，于 2004 年 5 月出版《玩路者——中国自驾车旅行之经典攻略》。

2004 年 8 月 15 日，廖佳踏上了环球行程。在此后的 624 天中，她穿越 6 大洲、48 个国家、近 2 000 余座城镇，驾车行驶里程达到了 17.1 万公里。回来后出版了一本《环球玩路者》。

廖佳说过，促使她不断上路的原因，是她渴望去看别处的生活，邂逅地球上某个角落正在发生的故事，让自己唏嘘感动。正是这些感动，不断催促她以贴近大地的形式，开始新的旅行。如今，廖佳仍在旅途中……①

阅读以上文章，回答下面问题。

1. 以上几位户外运动者具备哪些共同的品质？

_____

_____

_____

---

① 生态体育.盘点中国十位最牛的户外达人［EB/OL］.（2021-04-30）［2024-08-12］. https://mp.weixin.qq.com/s/FHADjhUp8T2NkOjdw7wapA.

2.户外探索运动和个人成长有何内在的联系?

角色本领

现代社会充满了风险,无论人在哪里,都不可能与风险绝对隔离。既然如此,那么最好的应对方案就只剩下增强自己的生存能力了。

虽然人们的生活水平提升了,但生活压力的增大,让无数人想要一场说走就走的旅行。户外旅行虽然很流行,可我们也看到了很多驴友被困山区的案例。原本想要潇洒一次,结果却相当尴尬,说到底,还是野外生存的能力不够导致的。

在未来领袖夏令营开设的课程中,有不少针对户外生存的活动,简单易学,对于缺乏相关生活经验的孩子们来说,这样的知识启蒙很有趣也很实用。

技能一:结绳

绳索是生活中被我们忽略的物品,给你5秒钟时间,想一想绳索有什么用途,你能想出几种?大多数人除了能够含糊地说出"绑东西"以外,似乎也想不出别的内容了。即使是绑东西,那你又会几种打结方式?

绳索平日被我们忽略,但资深的户外运动爱好者都清楚绳索的重要性,恰当地使用绳子,可以为户外出行省去很多麻烦。

使用绳子的第一步就是学会打结,利用绳子固定目标物,比如说随身携带的物品、在野外收集的材料,当然,紧急时刻也可以用在自己身上,比如在户外攀爬时,等等。结绳的方法有多种,如双套结结绳法等。

以下介绍双套结结绳法的具体步骤:

步骤1 将绳子缠在物体上,外侧稍长一点;

步骤2　将外侧端从底部绕过来，形成交叉；
步骤3　继续绕，将绳端从交叉处的正下方穿过；
步骤4　将绳子的两端用力拉直，牢固的双套结就好了。

技能二：户外烹饪

户外的饮食也非常重要，野外有很多果子、菌类不能食用，但还是有不少人由于缺乏生活经验，被其诱人的外观吸引，因为误食而引起身体不适。所以不要乱吃野外的东西，要么带足干粮，要么自己会做饭。简易的食物莫过于蛋炒饭了，准备两个常见的金属饭盒、适量的大米、少许油和盐，就可以亲手制作一份蛋炒饭。下面是简易蛋炒饭的制作流程：

步骤1　洗净器皿和大米；
步骤2　生火把水烧开放入大米；
步骤3　盖上饭盒等一段时间；
步骤4　米饭熟了以后用另一个饭盒煎鸡蛋，记得在鸡蛋中加少许盐；
步骤5　鸡蛋好了以后，将鸡蛋和米饭混在一起。

技能三：搭帐篷

没有野营的户外生活是不完整，所以接下来必然要提到帐篷。所有的帐篷都是要自己搭建的，由于专业和业余的区别，牢固程度也有所不同。

图13-1　搭帐篷（图片来源：视觉中国）

在搭帐篷之前，要考虑地形是否平坦、下暴雨时是否能避开雷电、地表硬度是否能够扎深，以及防范野外蚊虫鸟兽的袭击等许多潜在安全隐患。其实做任何事情都是一样的，我们在着手做事之前，就要考虑周全，尽可能多地排除隐患。做团队领袖就需要为整个团队负责，不能急躁冒进。

如图片所见，搭帐篷需要伙伴的合作，这样才能更快更好地搭好。在搭帐篷的过程中，合理的分工协作是提高办事效率的保障，希望孩子们通过结绳造物和搭帐篷，真切地明白和同学们团结合作的重要性，在课程中培养集体感，逐渐养成领袖的素质。

技能四：自卫防身术

旅旅游，过一过户外的生活，原本是大多数人想要摆脱眼前的苟且，寻找诗和远方的决定。然而有一些人也会在旅途中遇见一些糟心的事情，比如说，遇到心怀叵意的路人，导致自己人身财产安全受损。所以，会一些基本的自卫防身技能，在关键时刻十分有用。

角色实践

野外生存活动策划书

一、活动目的

培养当代高中生挑战自我、克服磨难、团结一致、顽强拼搏的精神；增强体魄，锻炼坚忍不拔的意志；培养团队精神，提高动手能力；掌握野外生存知识，学习野外生存技巧和野外生存活动。

二、活动时间地点

1. 活动时间：两天一夜
2. 活动地点：白云山森林公园

三、活动人员

高一学生

四、活动费用

1. 费用方式：班费

2. 活动总费用和人均费用估算

3. 活动中因情况变化增加费用的估算

4. 费用的管理、使用、处理方式

五、装备要求

1. 个人野外日常用品：食品袋，睡袋，鞋子，服装，盥洗用品等

2. 集体装备：帐篷，炊具，营灯等

3. 医药用品

A. 口服药物：抗菌素，蛇药，感冒药，肠胃药

B. 外用药物，止血消炎，消毒水

C. 包扎用品：纱布，绷带，创可贴，医用胶布

D. 非治疗药物：净水药片

六、营地活动

1. 营地建设

A. 帐篷要依次搭建

首先搭建公用帐篷。在营地的下风处先搭好炊事帐篷，建好炉灶，烧上一锅水，然后再依次向上风处搭建用于存放公用装备的仓库帐篷与各自的宿营帐篷。当整个营地的帐篷搭建好时，烧的水已开锅，可以马上饮用并开始做饭。

图13-2　搭建帐篷（图片来源：百度图库）

B. 建好野外厕所

选择在营地的下风处稍低一些，并远离河流（至少 20 米以外）处。最好是挖一个宽 30 厘米左右、长 50 厘米左右、深约半米的长方形土坑，里面放些石块和杉树叶（消除臭味）。三面用塑料布或包装箱围住，固定好，开口一面应背风。准备一些沙土、一把铁锹以及一块纸板。便后用一些沙土将排泄物及卫生纸掩埋，并用板将便坑盖住以消除异味。在厕所外立一较明显的标志牌，使别人在较远处即可看到是否有人正在使用。露营结束时，用沙土将便坑掩埋好，并做好标记，告诉其他参加野外活动的人。

图 13-3　野外厕所（图片来源：视觉中国）

2. 营地小游戏

A. 衔纸杯传水

目的：增进亲近感，考验成员配合、协作能力。

要求：人员选八名一组，共选十六名同学，分两组同时进行比赛。另有二名同学辅助第一名同学倒水至衔至的纸杯内，再一个个传递至下一个人的纸杯内，最后一人纸杯内的水倒入一个小缸内。最后五分钟，看哪一组的缸内水最多，哪一组就获胜。

B. 踩气球

目的：活跃气氛，增进协调性和协作能力。

要求：人数为十名。

流程：当场选出十名同学，左右脚捆绑三至四个气球，在活动开始后，互相踩对方的气球，并保持自己的气球不破，或破得最少，则胜出。

3. 野外取水

饮用水的获取途径通常有两条：一条是挖掘地下水，另一种是净化地面水。通常雨水可以直接饮用。下雨时，可用雨布、塑料布大量收集雨水，也可用空罐头盒、杯子、钢盔等容器收集雨水。

当没有可靠的饮用水又无检验设备时，可以根据水的色、味、温度、水迹，概略鉴别水质的好坏。纯净水在水层浅时无色透明，深时呈浅蓝色。可以用玻璃杯或白瓷盛水观察。通常水越清水质越好，水越浑则说明杂质多。一般清洁的水是无味的，而被污染的水则时常带有一些异味。地面水的水温，因气温变化而变化，浅层地下水受气温影响较小，深层地下水水温低而恒定。如果所取样的水不符合这些规律，则水质一般都有问题。此外还可以用一张白纸，将水滴在上面晾干后观察水迹。清洁的水无斑迹，如有斑迹则说明水中有杂质，水质差。

在野外最好不要饮用从杂草中流出来的水，而以从断崖或岩石中流出的清水为佳。饮用河流或湖泊中的水时，可在离水边1～2米的沙地上挖个小坑，坑里渗出的水较之直接从河湖中提取的水清洁。

4. 野外常见的伤病的防治

昆虫叮咬的防治：在野外为了防止昆虫的叮咬，人员应穿长袖衣和裤，扎紧袖口、领口，皮肤暴露部位涂擦防蚊药。不要在潮湿的树荫和草地上坐卧。宿营时，烧点艾叶、青蒿、柏树叶、野菊花等驱赶昆虫。被昆虫叮咬后，可用氨水、肥皂水、盐水、小苏打水、氧化锌软膏涂抹患处止痒消毒。

昏厥：野外昏厥多是由于摔伤、疲劳过度、饥饿过度等原因造成的。主要表现为脸色突然苍白，脉搏微弱而缓慢，失去知觉。遇到这种情况，不必惊慌，一般过一会儿便会苏醒。醒来后，应喝些热水，并注意休息。

中毒：其症状是恶心、呕吐、腹泻、胃疼、心脏衰弱等。遇到这种情况，首先要洗胃，快速喝大量的水，用指触咽部引起呕吐，然后吃蓖麻油等泻药清肠，再吃活性炭等解毒药及其他镇静药，多喝水，以加速排泄。为保证心脏正常跳动，应喝些糖水、浓茶，暖暖脚，立即送医院救治。

中暑：其症状是突然头晕、恶心、昏迷、无汗或湿冷，瞳孔放大，发高烧。发病前，常感口渴头晕，浑身无力，眼前阵阵发黑。此时，应立即在阴凉通风处平躺，解开衣裤带，使全身放松，再服十滴水、仁丹等药。发烧时，可用凉水浇头，或冷敷散热。如昏迷不醒，可掐人中穴、合谷穴使其苏醒。

蜇伤：被蝎子、蜈蚣、黄蜂等毒虫蜇伤后，伤口红肿、疼痒，并伴有恶心、呕吐、头晕等症状。要先挤出毒液，然后用肥皂水、氨水、烟油、醋等涂擦伤口，或用马齿苋捣碎，汁冲服，渣打碎外敷。也可用蜗牛洗净捣净后捣碎涂在伤口上。此外，蒜汁对蜈蚣咬伤有疗效。

5. 个人建议

（1）行进在现成小路上，要走成一列纵队，不要随意拉横排，以免使路径拓宽；

（2）如果没有现成小路，而必须要践踏草地时，方法正好与上面相反，因为一次性践踏的草地容易恢复；

（3）宿营地尽量选择在没有或少有植物的地方；

（4）能用炉具尽量不要用木材生火做饭；

（5）尽量不要在野外洗衣服，如果非要洗不可，最好不用肥皂；

（6）小便不要直接尿在植物上，应该撒在泥土或石头上，因为没有分解的尿液对植物有很大的伤害。

最后用一句所有保护区都使用过的标语互勉：除了脚印什么也不要留下，除了照片什么也不要带走！

角色反思

表 13-1　角色评价表

角色主体	评价内容	评价标准
自我评价	1. 认真工作，热情大方	☆ ☆ ☆ ☆ ☆
	2. 吃苦耐劳，勇于担当	☆ ☆ ☆ ☆ ☆
	3. 积极主动，大胆尝试	☆ ☆ ☆ ☆ ☆

续 表

同伴评价	1. 认真工作，热情大方	☆ ☆ ☆ ☆ ☆
	2. 吃苦耐劳，勇于担当	☆ ☆ ☆ ☆ ☆
	3. 积极主动，大胆尝试	☆ ☆ ☆ ☆ ☆
户外拓展师工作者评价	1. 认真工作，热情大方	☆ ☆ ☆ ☆ ☆
	2. 吃苦耐劳，勇于担当	☆ ☆ ☆ ☆ ☆
	3. 积极主动，大胆尝试	☆ ☆ ☆ ☆ ☆
我的优点		
我的不足		
劳动者评价		
我们的实践收获与感想		

角色回顾

1. 你在野外生存最需要的是？（　　）
 A. 食物　　　　　　B. 温暖　　　　　　C. 水

2. 茂密的植被和成群的昆虫往往预示着？（　　）
 A. 死去的动物　　　B. 指向水源　　　　C. 肥沃的土壤

3. 为什么要在饮用前融化雪或冰？（　　）
   A. 避免在锋利的冰上割伤嘴　　　B. 避免大脑受冻
   C. 避免肚子着凉　　　　　　　　D. 避免脱水

4. 如果你在北半球正午面对太阳，朝它走会带你走向？（　　）
   A. 北方　　　B. 南方　　　C. 东方　　　D. 西方

5. 以下不能为你提供确定正北方向线索的是？（　　）
   A. 苔藓　　　B. 蚁丘　　　C. 风速

6. 在野外，用什么方法来进行水处理？
   _____
   _____
   _____

7. 怎么辨别野外的植物是否可食用？
   _____
   _____
   _____

8. 在野外被蛇咬伤，该如何处理？
   _____
   _____
   _____

后记：借劳动教育之力，筑社会栋梁之基

合上本书，形形色色劳动者的形象如同一幅宏大的社会画卷在眼前徐徐展开，他们的故事、技能与精神，深深触动着我们的心灵，也让我们对劳动教育有了更为深刻的思考。

劳动不仅是一种技能，更是一种精神，一种对生活的热爱和对社会的责任。他们是医务工作者，用妙手仁心守护生命的安康；是基层劳动者，以辛勤的汗水保障城市的运转；是城市建造者，塑造着我们生活的空间；是网络建设者，搭建起信息时代的桥梁；是政法工作者，捍卫着社会的公平正义；是社会保卫者，在危险面前挺身而出；是自然探索者，引领我们认知自然的奥秘。虽然大家岗位不同，但都秉持着对工作的热爱与执着，在各自的领域发光发热，是值得我们敬重与学习的榜样。

从他们身上，我们能深刻感受到劳动的价值与意义。劳动，绝非仅仅是获取生活物质的手段，更是实现自我价值、推动社会进步的重要途径。李春燕在艰苦的乡村环境中坚守医疗岗位，为村民带来健康的希望；王顺友在蜿蜒的邮路上默默跋涉，传递着亲情与信息；邹彬从普通泥瓦匠成长为大国工匠，用精湛技艺诠释着对职业的追求。他们通过劳动，不仅改变了自己的人生，也为社会做出了不可磨灭的贡献，让我们明白，每一份平凡的劳动都蕴含着不平凡的力量。

在编写过程中，我们也深刻体会到社会主义劳动者的不易。他们用自己的双手和智慧，为社会创造了财富，为人们的生活带来了便利。他们的工作或许平凡，但正是这些平凡的工作，构成了社会的基石，支撑着我们的生活。我们希望通过这本教材，让学生学会尊重劳动者，珍惜他们的劳动成果，同时也激发学生对劳动的热爱和对职业的探索。

本书通过将抽象的劳动观念具象化为一个个鲜活的人物和故事，让高中生在阅读中感悟，在实践中体验。学校在开展劳动教育时，可以充分利用这些素材，组织学生参与各类实践活动，如模拟职业体验、社区志愿服务等，让学生

在亲身体验中理解劳动的艰辛与快乐，培养劳动习惯，提升劳动技能。

展望未来，随着社会的不断发展与进步，劳动的形式和内涵也在持续演变。新兴职业不断涌现，对劳动者的要求也越来越高。云深处科技的机器狗在复杂环境中的自主学习和应用能力，强脑科技的仿生手技术，以及 DeepSeek 在大语言模型训练上的成果，都展现了科技与劳动的完美结合。

但无论时代如何变迁，劳动的价值永远不会改变。希望同学们能够将劳动教育内化于心，外化于行，在未来的学习和工作中，尊重劳动、热爱劳动，用勤劳的双手创造美好的生活，为社会的发展贡献自己的力量。也期待更多优秀的高中劳动教材出现，为劳动教育注入新的活力，培育出一代又一代具有劳动精神和创新能力的高素质人才。

在编写这本书的过程中，我们得到了很多支持和帮助。丽水市教育局和丽水中学的领导特别重视，不仅给我们指方向、鼓干劲，还帮助我们解决编写过程中遇到的各种问题和困难；老师们在高中教学任务那么重的情况下，还积极参与，让教材内容更丰富、更生动；用这本教材的学生们，给我们提了不少反馈和建议，让我们能不断把教材改得更好。我们打心眼里感谢所有为这本教材出过力的人，多亏了你们的支持和帮忙，这本教材才能顺顺利利完成。